이등병에서

장군으로

홍성제 자서전

Content

목 차

제2장 국방계혁을 추진하며

제3장 군에서 예편하다

제4장 제주 4·3사건에 어머니와 누님 희생

목 차

제6장 농촌으로의 귀농

Recommendation • 추천사

시대가 요구하는 인재

최근 일본에서 발간된 책《시대가 요구하는 인재의 요건》에서 세 가지 요건을 특히 강조하고 있다.

첫째는 추진력(Vitality) 혹은 의욕과 열정이다. 우선 불같은 열정이 없으면 지도자가 될 자격이 없다는 것이다. 그런데 홍성제 장군은 그야말로 열정의 덩어리로 똘똘 뭉쳐진 사람이다.

둘째는 통솔력(Leadership)이다. 홍성제 장군은 본래 선천적으로 통솔력을 지니고 있지만 군에서 장군까지 오르면서 더 뛰어난 통솔력을 갖추게 되었다.

셋째는 창의력(Originality)이다. 미래에는 창의력 없이는 경쟁 사회에서 이길 수 없고, 살아남을 수 없다고 판단된다. 홍성제 장군은 국방 예산 개혁을 성공시켰으며, 그 중에서도 뛰어난 창의력으로 국방 관리 회계 제도를 창출하여 국방 관리를 체계화시킨 것은 대한민국 국방부 역사상 길이 빛날 대단한 업적이다.

이렇듯 홍성제 장군은 시대가 요구하는 인재가 갖추어야 할 대표적인 세 가지 덕목을 고루 갖춘 인물 중의 인물이다.

2013년 5월

전 국방장관 오 자 복

Preface • 머리말

사람 마음이 움직일 때 통일이 가능하다

창군 이래 처음 시작한 국방 개혁이 현장 지휘자로써 자주 국방의 관리 기반을 구축하였다(PPBEES). 제주도에서 국회의원 선거에 출마(1996년)하면서 낙선의 비통함을 체험하였고, 김대중 대통령과 노무현 대통령, 그리고 박근혜 대통령의 선거에 참여하며, 세 사람의 대선 후보가 대통령에 당선되도록 힘을 보탰다.

정치인으로서 나는 현직 대통령이 제주도를 방문(1999년 6월 13일)했을 때 내가 처음으로 〈제주도 4·3사건〉을 해결해야 한다고 건의했고, 김대중 대통령은 나의 건의를 수용하여 2000년 1월 12일에 '제주 4·3특별법'을 제정하고 공포하였다.

노무현 후보가 대통령에 당선되고 취임 전에 제주도에서 나는, 김대중 대통령은 국민에게 사과를 못하였는데, 노무현 대통령이 사과할 것과 NLL 중간 지대를 만들어서 남북이 공동 어업을 하고 남한이 이북 선박의 어획량을 사주는 방법으로, 서해와 동해에 남북공동어로구역을 설정하자고 건의했다. 그리하여 노무현 대통령은 10·4 남북 정상회담을 통해 서해와 동해에 남북공동어로구역을 설정하였다.

통일의 과정은 이미 진행되고 있다. 남북동포가 한마음으로 통일을 염원할 때 어떤 국가도 그 누구도 통일을 막지 못한다. 우리는 활활 타오르는 불꽃처럼 통일의 불꽃을 피우자.

2013년 6월

홍성제

1

홍성제

일본에서 출생,
제주에서 성장하다

제주에서 성장하며 얻은 교훈

일본 오사카에서 태어나다

나는 1938년 12월 24일에 아버지 홍동원과 어머니 양정생의 슬하에서 태어났다. 일본 제국주의가 한반도를 강점하고 있던 어두운 시대였다. 아버지는 제주도에서 일본으로 혼자 건너가 취업(1927년)을 하고 노동자로 근무하면서 터전을 잡은 뒤에 어머니와 두 형을 오사카에 오게 하였다. 오사카의 2층 집에서 누님과 형, 그리고 내가 태어났다. 아버지와 어머니는 슬하에 4남 2녀를 두셨다.

아버지는 신용이 워낙 좋은 분이셨다. 아버지가 보증을 하면 일본 사람들도 돈을 얼마든지 빌려주었다. 아버지가 노동자로서 얼마나 성실한 생활을 하셨는지 그 한 가지 사실만으로도 입증된다. 오사카에서 자신감을 얻은 아버지는 작은아버지 부부와 작은 고모 부부도 일본으로 불러들여 그곳에서 자리를 잡아 주었다.

아버지는 또 조합을 구성하여 제주와 오사카를 왕복하는 여객선을 운영할 계획을 세우고, 민족 자본을 형성하고, 완성 단계에서 일본 경찰의 방해로 무산되었다.

하루는 길을 걷고 있는 아버지를 장님이 불렀다.

"여보시오, 나 좀 봅시다. 당신은 49살에 죽을 운명이오. 49살에 죽을 고비를 잘 넘기면 61살까지는 살 수 있겠소."

일본에는 점치는 사람들이 많았다. 장님이 점을 쳤던 것처럼 아버지는 오사카에서 49살 되는 해에 자전거를 타고 가다가 다리 위에서 바다로 떨어지는 사고를 당했다. 그때 마침 지나가는 배가 사고 현장을 목격하고 아버지를 구원해 주었다. 49살에 죽을 고비를 그렇게 넘긴 것이다. 그 추락사고로 아버지는 병원에 입원했다. 병원에서 퇴원한 뒤에는 사고 후유증 때문에 직장생활을 포기한 채 곧 일본을 떠나 고향 제주도로 돌아왔다.

강보에 싸여 귀국

부모님이 귀국할 때 갓 2살이던 나는 강보에 싸여서 귀국했다. 그리고 60년이 흘러서 환갑을 맞이한 나는 1999년에 일본으로 가서 내가 태어난 집을 일부러 방문하였다. 현재 60만 재일교포들 가운데 20만 명이 제주도 출신이다. 일제 강점기 때 제주도 사람들이 그만큼 일본을 많이 왕래했다.

내가 태어난 집은 놀랍게도 온전히 잘 보존되어 있었다. 기념사

▲ 일본집 생가

진을 찍고 집을 한 바퀴 둘러보면서 감회가 새삼스러웠다. 일본 사람들은 집을 튼튼하게 짓는다는 생각도 들고, 한국에서 60년 전에 지은 집들을 거뜬하게 보존하고 있는 도시가 과연 몇이나 될까 싶기도 했다.

아버지는 61살이 되자 당신이 곧 죽을 것이라고 생각했다. 죽음을 맞이할 준비를 하셨고, 그 해에 돌아가셨다.

내가 육군 중위로 복무할 때였다. 아버지가 흰 옷을 입고 꿈에 나타났는데, 우물가에 서 계시었다. 아버지는 나를 향해 "내가 춥다."고 말씀하셨다. 그 꿈을 꾸고 나는, "아, 묘소에 문제가 있구나!"라고 생각했다. 그리고 1989년 1월에 장성으로 예편한 나는 그 해 3월 1일에 아버지의 묘를 이장하였다. 아버지의 묘를 팠을 때 시신이 새까맣게 변해 있는 것을 보았다. 묘에 수맥이 들었던 것이다.

그날 밤 꿈에 아버지는 나에게 검고 영롱한 사리를 주셨다.

내가 그 일을 직접 체험하고 보니 어찌 신이 없다고 하겠는가.

척박한 땅

지금은 제주도 사람들의 생활이 풍족해졌으나 옛날에 제주도는 척박한 땅이었다. 물도 귀하고 쌀도 귀한 제주도에서 살며 사람들은 너나없이 가난했다.

일제시대에 일본은 조선을 합병하는데 제일 큰 장해는 두 가지로 보았다. 첫째는 한글 말살정책이고 둘째는 각 씨족의 족보를 없애는 것이었다. 그래서 한글 말살정책과 우리나라 성씨를 모두 개명시켰다. 한글은 말할 것도 없지만 족보도 각 성이 조상에 대한 긍지로 뭉처있어서 어쩔 수가 없었다.

나는 시조 홍천하(洪天河)로부터 45대손이다. 홍천하는 당나라 때 학자로서 서기 640년 고구려 영류왕이 당나라 태종에게 학사의 파견을 요청하여 8학사(홍·봉·은·기·방·위·기·목) 일원으로 선발되어 평양에 머물다가 남으로 내려와 문화를 진흥시키니 왕은 그가 사는 곳을 당성이라하고 땅을 하사하였다.

10대 후손인 중시조 홍은열은 태조 왕건을 도와 고려를 창업하고 개국공신 태사공이 되셨다. 나는 중시조로부터 35대이다. 또한 당성을 고려시대에 南陽(남양)으로 개칭하고 8학사(홍·봉·은·기·방·위·기·목) 자손 모두 본관은 남양이라 하였다.

홍언박은 공민왕을 도와 원의 속박으로부터 자주독립을 회복하고 개혁정치를 이룬 인물로 원이 마지막 황제 순제의 처남으로 횡포를 일삼던 기철 일파의 숙청에 공을 세워 일등공신이 되었다. 홍건적의 침입 때 궁중이 경비를 줄일 것을 권유하는 충언을 하였으며 2년 뒤 김용이 난을 일으켜 흥왕사에서 왕을 시해하려하는 반란군 앞에 나가 불충을 꾸짓다 살해당해 충신의 귀감이 되었다. 이에 문정공 시호가 하사되었다.

나는 문정공파 23대이며, 공민왕 시해사건을 일으킨 홍윤(공민왕을 시해함)의 자제위 사건으로 문정공 자손들은 풍비박산이 되었다. 문정공의 손자인 사제감 홍윤강은 그 난을 피해 제주도로 도피하여 제주 입조 조가 되었다.

제주도에서 터를 잡고 살아온 우리 집안은 대대로 빈농으로 겨우 자급자족하며, 어려운 생활을 해왔다. 아버지 대에 이르러, 입도조 윤강공으로부터 520년 만에 처음으로 제주도를 떠나 1927년부터 1939년까지 일본에서 12년 동안 살며 새로운 문명을 접했다.

할머니의 눈물

나에게 고조부 되시는 '범'자 '호'자 할아버지는 봉성리 구멀동에서 태어났으나, 집이 너무 가난해서 고향 마을에서 생활하기 어려운 형편이셨다. 한경면 도수리에서 처가살이를 하시던 부부는 천염병으로 함께 임종하였다. 마을 사람들이 두 분의 시신을 수습하여 상여를 메고 봉성리로 오던 길에 양지 바른 곳이 있어서 잠깐 쉬게 되었다. 상여꾼들은 "이쯤 왔으니 봉성리에 온거나 마찬가지요."라고 의논하였다.

"이 자리에 묘를 씁시다."

의논을 마친 사람들은, 상여를 내리고 쉬던 바로 그 자리에 무덤을 만들었다. 그렇게 해서 만들어진 고조할아버지의 묘자리를 두고 후세 사람들은 명당이라고 일컬으며 부러워하고 있다. 그 이유는 고조부의 후손들이 모두 잘 되었기 때문이다.

고조부는 슬하에 아드님 한 분을 두셨는데, 그 분은 나에게 증조부가 되신다. 증조부는 일곱 살까지 조수리에서 살다가 봉성리로 처음 뵙는 할머니를 찾아왔다. 큰할머니는 조수리에서 온 일곱 살 소년의 손톱을 살펴보신 뒤에 '틀림없는 홍씨 자손'이라고 인정하셨다.

일곱 살 어린 나이에 홀로 큰할머니를 찾아온 증조부 역시 물려받은 재산이 없었다. 가난한 처지에 조실부모까지 하셨으니 교육은 고사하고 끼니를 제 때에 챙겨먹기도 어려운 시절을 견디어야 했다.

여덟 살 어린 아이의 몸으로 혼자 부모님의 산소에 벌초를 하러 갈 때는 이는 바람에 풀이 흔들리는 모습을 보고 깜짝깜짝 놀라고, 무서워서 몸을 숨기곤 하셨다. 얼마나 외로운 생활을 하였을지 짐작이 간다.

제주도에서 가난을 대물림하며 살던 우리 집은 할아버지 대에 이르러서 토지를 처음 소유하고 살림이 펴지기 시작하였다. 어느 집이고 어떤 사람이 안주인으로 들어오느냐에 따라 그 집이 흥하기도 하고 망하기도 하는데, 우리 집은 할머니(안신아)가 시집온 뒤에 가난에서 벗어날 수 있었다.

할머니는 슬하에 2남 2녀를 두셨는데, 할머니의 곱슬머리를 닮아 자손들이 곱슬머리로 태어났다. 할머니는 시집와서 가난한 살림을 꾸려가며 겪은 얘기를 나의 어머니께 들려주곤 하셨다. 할머니는 증조부가 결혼하여 신부와 함께 봉성리로 오며, 보리이삭을 한 말이나 주워왔던 일을 며느리에게 전하면서 눈물을 흘리곤 하셨다. 고부 사이에 갈등이 많은 것이 인지상정이지만 할머니는 당신의 시어머니가 겪은 가난한 살림살이와 고난을 후손들이 잊지 않고 오래 기억하기를 진심으로 바라셨다.

할아버지가 물려주신 토지

할머니가 71살에 운명하신 뒤에, 할아버지는 39살의 배우자를 새로 맞이하셨는데, 그 분에게서 작은 아버지(동수)가 태어났다. 아버

▲ 할아버지 홍재희 영정

지는 할아버지가 물려주신 토지를 모두 그 작은 아버지에게 등기해 주셨다.

내가 소령 때 휴가를 받아 제주도에 갔더니 작은 아버지가 찾아와서 땅을 팔겠다고 하였다.

"땅값을 얼마나 받으시려고요?"

내가 물었다.

"8만 원은 받아야 한다고 생각했다."

"그럼, 조상의 터전이니, 제가 그 땅을 11만 원에 사겠습니다."

그 땅은 지금 내가 고향 제주에 소유하고 있는 토지의 뿌리가 되었다. 그 땅을 일구면서 1년에 100만 원씩 보내주는데, 나는 토지사용료로 받은 그 돈으로 30여 년 동안 봉성리 산제에 사용하고 있다.

어머니의 가르침

식량이 없어 굶는 사람이 많을 때 어머니는 고구마를 삶아서 마당에 놓고 오고가는 사람들이 먹게 하셨다.

평소에 어머니는 큰형님에게, "젓가락도 뭉치면 강하다."면서 형제들 사이의 우애를 가르치고, 나의 강한 성품을 보고 "쇠도 강하면 부러진다."고 나를 여러번 타이르셨다.

▲ 장군으로 진급하고 고향집에서

내가 고향을 떠나 논산훈련소로 향하던 날이었다.

"어머니, 다녀오겠습니다."

어머니는 마루에 앉아서 나의 인사를 받으셨다. 끝내 문턱을 안 넘어오셨다. 아들이 먼 길을 떠나면서 작별 인사를 드리는데, 의연하게 앉아만 계셨다. 다른 집 어머니들은 아들이 군에 간다고 하면 그 소식을 듣는 순간부터 눈물을 많이 흘린다고 들었는데, 우리 어머니는 태연해 보였다.

1992년 12월에 어머니가 위독하다는 전화를 받고 제주도로 향했다. 서귀포 호텔에 방을 예약하고 형의 집에 도착하여 어머니를 뵈었다. 어머니는 "오늘 밤 나하고 자고 가라."고 하셨다.

어머니는 생전에 아들을 못 볼 줄 아셨던 것이다. 나는 호텔에 예약되어 있고 형님댁이라 불편하여 어머니의 말씀을 안 듣고 서귀포 호텔에서 숙박하고 어머님을 뵙고 서울로 돌아왔다. 그리고 한 달 뒤 어머니가 운명하셨다는 부고를 받았다. 마지막 효도를 못하고 말았으니 이보다 죄스럽고 통탄스런 일이 어디에 있겠는가. 불효막심한 자식은 가슴이 미어지는 아픔으로 평생의 통한과 회한을 안게 되었다. 어머니가 별세하고 첫 번째 맞이하는 어버이날에 고향 봉성리에서 어르신들에게 인사를 하려 강단에 섰는데 어머님 연배의 어른들을 보니 말문이 막혀 입을 뗄 수가 없었다. 그래서 그냥 강단을 내려왔다.

일기장 속의 어머니

나는 군 생활을 하며 어머니가 그리울 때면 일기에 글을 남기곤 했다.

나는 가난한 농촌에서 자라오면서, 학교라고는 가본 일이 없고 글자 한 자 모르시는 어머니의 가정교육을 받고 자랐다. 어머니는 나의 강한 성격을 보시고 "쇠도 강하면 부러진다."고 늘 말씀하셨다. 조상의 제사를 모실 때는 며칠 전부터 자녀들의 몸가짐을 단속하시고, 불결

▼ 어머님 80회 생신 기념

한 것을 보았을 때는 부정 탄다고 제사에 참배를 못하게 하시며, 지극한 정성을 보이셨다.

농부의 아내로, 춘궁기에 자식들을 굶기는 가난에도 한 마디 불평 없이 현실에 순종하시며, 농촌의 그 많은 일들을 꾸려나가셨다.

20살의 어린 나이로 가난한 환경에서 진학의 길을 버리고 군문에 지원하여 떠나던 날, 생사를 예측 못할 월남의 전쟁터로 떠나던 날, 내가 드리는 작별인사에 그 많은 눈물도 심중의 사연도 다 참으시고 마루에서 내려와 전송하는 말 한 마디 없는 의연함이 눈에 선하다.

70대의 노쇠한 몸으로 자식의 복을 빌기 위해 한라산 명 사찰을 찾아 부처님께 기원하시는 어머니의 사랑을 내가 어찌 모르랴.

어떤 환경에서나 의연하게 자신의 긍지를 세우시는 어머니를 나는 그린다. 〈1968년 5월 18일 일기〉

제주도의 지정학적인 위치

일제는 왜 그렇게 많은 군사시설물을 제주도 각지 오름, 해안가에 구축했을까?

일제가 제주도에 비행장을 처음 건설한 것은 1931년 3월이었다. 제주도가 지정학적으로 중국과 일본의 중간 기점이 되면서 일제가 1931년 9월 만주를 침략하던 시기에 비행장 · 통신소 등을 건설하여 전쟁에 대비한 것이다.

제주도가 전략상으로 보다 중요해진 시점은 1937년 8월 중순.

중일전쟁이 격화되면서 일제는 중국의 수도 남경에 폭격을 시작하였다. 남경 폭격을 위해 비행정 등이 나가사키 현 오무라 항공기지에서 출발하여 제주도 항공기지(모슬포 비행장)에 도착하였다. 당시 일본에서 중국 중부지역에 가장 가까운 장소가 제주도였다. 제주도에서 남경까지의 거리는 약 700km. 바다를 가로질러 남경 · 상해 등으로 폭격하는 거점이 제주도로 옮겨왔다. 제주도 항공기지에 일본 해군항공부대가 주둔하게 되었다. 제주도에서 약 367회 정도 남경 공습이 행해졌다. 이와 동시에 제주도 항공기지(모슬포)를 40만 평으로 확대하는 제2차 확장공사가 시작되었다. 일본군은 1937년 11월 중순 상해 부근을 점령하고 부근에 비행장을 확보하였다. 이로써 일본 해군항공대는 제주에서 상해 부근으로 본거지를 옮겨갔고 중국 오지로 폭격을 계속했다.

중일전쟁 시점에 제주도의 전략적 위치는 지상전을 지원하는 폭격기로서의 역할을 했던 것이다.

1945년 3월 이오지마가 함락되고, 3월 10일 동경 재공습을 시작으로 미군은 일본 내 대도시에 본격적인 공격을 시작했다. 제주도는 9개소의 미군 상륙 예상 거점 중 하나였는데, 제주도 이외의 8개소는 일본에 있으며, 제주도는 유일한 본토결전의 요충지였다. 미군이 오키나와 다음으로 제주도를 함락하여 일본의 항복을 이끌어낼 전진기지로 활용할 가능성이 있었다.

일제는 제주 서귀포시 화순에 해군 기지 건설을 추진하고 있었다.

대한민국은 지금 제주도 강정에 해군기지 건설을 추진 중이다.

러시아의 선박들이 태평양을 지나려면 제주해협을 통과해야 하고, 일본과 중국의 무역 및 여객선도 항로를 잡을 때도 제주해협을 지나게 되어 있다. 지정학적으로 이토록 중요한 위치에 있는 제주해협에 우리나라 해군기지를 건설하는 정책에 반대하는 사람들을 나는 이해할 수 없다.

동네 이장의 가택 수사

태평양전쟁이 말기로 접어들면서 노동력은 물론이고 놋그릇·제기 같은 쇠붙이를 모두 징발했다. 마을 사람들은 집집마다 쇠붙이를 숨겼는데, 마을 이장이 집마다 찾아다니며 부뚜막까지 뒤지고 다니는 것을 나는 목격하였다.

내가 초등학교 1학년 여름방학을 보내고 있던 1945년 8월 15에 일본군은 연합군에게 무조건 항복했다.

초등학교 입학

1944년 8살때 초등학교에 입학해 수업을 들었지만 나는 일본말이나 학과 공부를 특출하게 잘하지는 못했다. 그러나 또래 애들한테 나는 비교적 큰소리도 치면서 학교에 다녔다. 기만 살아있으면 어릴 때는 통하는 것이 있었다.

일본군은 우리 고향 마을의 야산에 주둔하고 있었다. 군인들이 민가에 내려와 군복이나 장비를 팔고 음식물을 얻어가는 일들이 가끔 있었다. 그러나 민폐를 끼치는 일은 없었다. 태평양전쟁이 끝나갈 무렵 일본군은 보급이 제대로 안 되자 군기가 흐트러졌던 것이다. 가미가제 특공대를 보내는 일본군도 보급품 부족 앞에서는 맥을 못 췄다.

내가 다니던 어도초등학교는 제주 4 · 3사건 때문에 폐쇄되었다. 나는 제주도 한림읍에 있는 귀덕초등학교로 전학을 갔다. 귀덕초등학교는, 심신이 건강하고, 예절 바르며, 미래 사회를 개척할 창의적인 사람을 육성한다는 교육 목표 아래 1940년에 개교하여 배움의 장을 열어준 학교로서 교훈은 '올바르게 · 슬기롭게 · 튼튼하게'이다.

예부터 슬기론 조상이 살던
큰 인물 큰 덕이 감도는 귀덕
우리는 귀덕교 착한 어린이
바쁘고 힘차게 자라납니다.
맑은 뜻 드높아라 귀덕 어린이
귀덕교여 영원히 찬란하여라.

중학교 입학

초등학교를 마치고 중학교 입학시험을 치렀다. 당시는 전국적으로 통일된 국가고시였다. 평소 공부에 흥미를 못 내고 놀기만 하다가 진학 시험을 치르고 보니 여간 걱정이 되는 것이 아니었다. 시험 점수가 나올 즈음 큰형님이 학교를 방문하여 내 점수를 확인했다. 마침 큰형님의 은사였던 장재필 선생님이 내가 다닌 초등학교의 교장이어서 큰형님이 교장님을 만나고 왔던 것이다.

"네 점수라면 제주도 어느 중학교든지 합격할 수 있다고 하시더라."

학교에 가서 교장을 만나고 온 형님이 나에게 알려주었다. 나는 공부를 안 했는데, 형에게 그 말을 들으니 안심이 되기는 했다.

나는 애월중학교에 입학했다.

골목대장

동네 친구들과 어울려 골목대장 노릇을 하는 것이 더 재미있었다. 집 밖에 나서면 재미있는 꺼리들이 널려 있었다. 밭에 가서 고구마를 파먹고, 콩서리를 하는 등 온갖 짓궂은 짓을 많이 했다. 그러다 보니 동네 어르신들은 자기네 밭에서 뭐가 없어지면 곧바로 우리 집으로 찾아왔다. 한번은 이른 아침에 이웃집 아저씨가 우리 집 마당으로 성큼 들어섰다.

"어젯밤에 우리 집 복숭아를 어떤 놈들이 다 따갔다."

나는 얼른 마당으로 나가 아저씨를 먼저 만났다.

"아저씨, 복숭아를 제가 땄습니다."

나는 솔직하게 말씀을 드렸다.

"야, 이놈아, 아무리 먹고 싶어도 그렇지, 제사 때 쓸 복숭아는 남겨뒀어야지, 그렇게 하나도 안 남기면 어떡하니?"

아저씨는 나를 그렇게 타이르시고 마당을 나섰다. 어린 시절에는 제사가 얼마나 중요한 일인지 잘 몰랐다. 지금 생각하니 그때 일이 여간 미안하지 않다.

고등학교 입학

중학교를 마칠 무렵 고등학교 진학을 앞두고 형님들은 나에게 애월상업고등학교에 진학하라고 권했다. 큰형님은 정치를 하고, 둘째 형님은 교편을 잡았는데, 내가 농사를 지으며 고향을 지키기를 바라시는 듯했다. 그래서 나는 애월상업고등학교에 입학식을 하던 날이었다. 담임선생이 "입학금을 아직 못 낸 사람은 학교에서 나가라."고 말했다.

그 말을 듣고 있으려니 나는 더 이상 학교에 남아 있을 수 없었다. 곧바로 학교에서 빠져나와 집에 돌아왔다. 그날부터 6개월 남짓 나는 등교를 하지 않았다. 그러자 형님들이 나를 오현고등학교에 편입시켜 주었다. 오현고등학교는 제주도에서 명문 고등학교였다.

1957년에 고등학교를 졸업한 나는 서울대 농대에 진학하고 싶었다. 농업에 대해 잘 배워서 좋은 농부가 되는 꿈을 가졌던 것이다.

그런데 큰형님은 제주대학에 진학하기를 권했다. 제주대학에 장학생으로 입학해 제주도에서 부모님을 모시고 지내기를 바라시는 듯했다.

그런데 나는 제주대학에는 진학하고 싶은 마음이 없었다.

군 입대

서울로 진학하려던 뜻이 좌절된 나는 6개월 남짓 고향집에서 이런저런 고민을 했다. 무엇을 할까? 한 사람의 인간으로 태어나 보람이 있는 일을 해야 한다고 생각했다. 당시 나의 상황에서 최선의 선택은 육군에 입대를 하는 것이었다. 하사관이 되어 안정적으로 월급을 받아 그 돈을 모으면 제주도에 괜찮은 목장을 마련할 수 있지 않겠는가 싶었다. 좋은 농부가 되고 싶었던 나는 그런 청사진을 마음에 품고 육군 하사관에 자원하였다. 1957년 10월 7일에 논산훈련소로 입소하라는 명령서가 왔다.

입대할 준비를 하고 있을 때였다. 내가 육군에 지원했다는 소식을 듣고 둘째 형님이 만류하고 나섰다.

"군에 들어가기로 했다는 데 사실이냐?"

"형님, 저도 고민을 많이 하고 결정한 일입니다."

"네가 뜻을 정했다니 나도 어쩔 수 없구나. 너도 알고 있듯이 형은 정치에 입문해서 늘 바쁘고, 나는 나대로 교사 생활을 하느라고 집을 떠나 있는데, 너까지 부모님을 떠나겠다고 하니 마음이 안 좋다. 그러나 어쩌겠니. 너도 네 길이 있으니 나도 더는 막지 않으마."
형은 더 이상 만류하지 않았다.

죽을 고비 세 번

나는 죽을 고비를 세 번 넘겼다.
첫 번째 죽을 고비는 내가 다섯 살 때 겪었다. 어른들이 밭에 일하러 나가고 집에 아이들만 남아 있었다. 배가 고프면 부뚜막에서 보리밥 한 그릇 찾아서 먹고 아이들끼리 시간을 보냈다. 한 번은 내가 형에게 새집을 지어달라고 보챘다. 형은 아홉 살이고, 나는 다섯 살이었다. 형이 새집을 지어주겠다고 하며 집 울타리 안에서 땅을 파기 시작했다. 제주도는 집 울타리 안에 밭이 있는데, 나는 밭에 쪼그려 앉아 새집을 만드는 형을 지켜보았다. 새집을 만든다면서 땅을 파던 형이 괭이를 잘못 휘둘러서 괭이가 내 머리를 찍었다. 졸지에 괭이에 찍힌 머리에서 피가 철철 흘렀다. 그대로 두면 곧 죽을 수밖에 없는 순간이었다. 바로 그 때 동네 어른 한 분이 우리 집 울타리 앞을 지나쳐 가다가 피를 흘리고 있는 나를 발견하였다.
"애들아, 얼른 말똥을 찾아와라. 상처에 말똥을 붙이면 피가 멎을 수 있어."
형은 울타리 밖으로 달려 나가더니 길에서 말똥을 주워왔다. 피가 철철 흐르는 나의 머리에 말똥을 바르자 거짓말처럼 피가 곧 멎었다. 지금 생각해도 눈앞이 캄캄해지는 사고였다. 가까운 곳에 병원도 없던 그 시절에 만약 동네 어른이 우리를 발견하지 못했으면 나는 그날 살아나지 못했을 것이다. 다섯 살 때 죽을 고비를 그렇게 넘겼는데, 그 때 괭이에 찍힌 울퉁불퉁한 머리 상처는 평생토록 남았다.

두 번째 죽을 고비는 육군 중위 때 겪었다.

감기 몸살로 약국에 갔더니 페니실린 주사를 놔 주었다. 당시는 페니실린이 만병 통치약이었다.

주사를 맞고 눈앞이 캄캄해지면서, 그 순간 부모님 생각보다도 '내가 스물 다섯 살에 장가도 못가고 죽는구나.' 하며 쓰러졌다. 그리고 살아났다. 페니실린 쇼크는 10명 중에 8명이 죽는다고 나중에 들었다.

세 번째 죽을 고비는 부산 차량 재생창 근무 때 겪었다.

하숙하던 집에서 연탄가스에 내가 중독된 것이다. 나는 의식을 잃었는데, 집 주인이 내가 출근을 안 하자 방문을 열어보았다가, 내가 실신한 것을 보고 겨울에 맨땅에서 땅 공기를 마시면 산다고 나를 들어 땅에 내려놓아도 깨어나지 못했다. 김치 국물을 먹이면 된다고 하여 이빨을 숟가락으로 벌리고 김치 국물을 부어도 깨어나지 못하자 부대에 연락하여 육군 5병원에 입원하고 이틀 만에 깨어났다.

사병 시절

논산 훈련소에 입소

입대하던 날 형(둘째 형 홍언중)은 나에게 돈 7,000환을 건네주었다.

"여비에 보태라."

각오는 했지만 우선 배가 고팠다. 밥을 먹고 돌아서면 벌써 배가 고픈 순간들이 계속되었다. 매점에 가서 빵 한 조각이라도 사먹고 싶을 때가 많았다. 그때마다 나는 형이 준 7,000환이 떠올랐다. 그러나 단 한 번도 매점에 발을 들이지 않았다.

하루는 취침점호를 준비하느라고 옷을 정리하는데, 누군가 내 옷에 손을 댄 흔적이 느껴졌다. 나는 얼른 확인해 보았다. 불길한 예감은 적중했다. 둘째 형이 챙겨준 돈 7,000환이 고스란히 사라지고 없었다. 입소한지 20일째 되던 날이었다. 낮에 훈련을 받고 내무반에 와서 청소하고 병기를 닦고 했던 일들을 되짚어 보았다. 내가 내무반을 잠깐 비운 그 틈에 누군가 내 돈을 훔쳐갔다는 판단이 섰다.

나는 곧바로 훈련소의 소대장에게 돈이 없어졌다는 사실을 보고했다.

"뭐, …… 돈 7,000환을 분실했다고?"

훈련소 소대장은 우리 내무반 36명에게 단체 기합을 주기 시작했다.

"내무반에서 돈이 없어졌다. 있을 수 없는 일이다."

훈련을 받느라고 몸이 지칠 대로 지친 동기들은 취침시간에 제대로 잠을 자지 못한 채 혹독한 기합을 받아야 했다. 그러나 돈은 끝내 돌려받지 못했다. 단체 기합을 아무리 받아도 돈이 나오지 않았다.

문제는 그것으로 끝나지 않았다. 돈을 찾기는 고사하고 나는 동료들에게 미움을 받기 시작했다.

"너 때문에 고생했어."

다음날부터 나는 동료들에게 따돌림을 받았다. 완전히 왕따가 된 것이다.

"너, 돈을 갖고 있기는 했어?"

이놈이 툭 치고 저놈이 툭 쳤다.

형이 준 돈을 잃어버린 것도 황당한데, 동료들 사이에서 따돌림까지 받고 보니 마음이 여간 상하지 않았다. 돈 잃고 전우까지 잃은 것이었다. 동료들에게 당하는 따돌림은 고된 훈련보다 견디기 힘들었다. 그런 참담한 마음으로 훈련을 받아야 했던 논산훈련소의 하루하루는 나에게 지옥과 같았다.

겨울 보리가 되리라

논산 훈련소가 나에게 비록 지옥과 같았지만 그 힘겨운 생활 속에서도 나를 일으켜 세운 한 마디 말이 있었다. 그때 들었던 그 말은 지금도 잊혀지지 않는다.

"너희들은 보리 같은 사람이 되라."고 하던 훈련소 조교의 말이었다. 그는 훈련소의 병장이었다. 그의 말에 따르면,

"보리는 추울수록 강하고 밟아 주면 밟아 줄수록 힘차게 자란다."

훈련소에서 전우들에게 따돌림을 당하면서 어려움을 겪던 나에게 그 말은 용기를 심어주었다. 뿐만 아니라 훈련소를 떠나 자대에 배치되어 어려움을 겪을 때마다 그의 말은 나에게 힘이 되어 주었다.

그날 이후 나는 보리가 평소와 다르게 보이기 시작했다. 보면 볼수록 보리는 구수하고 편안했다. 보리는 속이 텅 비고 마디와 마디의 사이가 길며 잎은 피뢰침 모양을 하고 있어 결코 고개를 뒤로 젖히는 일이 없었다. 보리 같은 사람은 어떤 사람일까? 마음이 수수하고 여유가 있는 사람일 듯했다. 함께 있으면 괜스레 정겨움마저 들고, 또 굳센 자존감이 엿보이는 그런 사람이 아닐까 싶었다.

지금도 나는 '보리 같은 사람이 되라'고 당부한 훈련소 병장의 말을 가만히 생각해볼 때가 있다. 나의 일생이 어쩌면 보리와 같지 않았던가 싶다. 돌아다보면 내가 겪은 대한민국의 역사는 혹한의 추운 시간이었다. 그 혹한의 시간에서 나는 보리처럼 견디며 살아남았다.

운전병이 되다

논산훈련소의 혹독한 시간도 끝나고 나는 강원도로 부대배치를 받았다. 하루는 수송대에서 우리 부대로 운전 교육생을 모집하러 왔다.

나는 손을 번쩍 들어 지원을 했다.

한 사람이 기술 하나는 가져야 한다는 생각을 했는데, 군대에서 운전을 가르쳐 준다는 말에 주저하지 않고 손을 들었던 것이다. 뭐든 배워두면 나중에 꼭 쓸모가 생길 것이라고 판단했다. 요즘은 너도나도 운전을 하지만 그때만 해도 운전을 하는 사람이 드물었다. 지금의 내 운전 실력은 군대에서 이등병 때 배운 것이다.

운전을 배운다는 그 한 가지 마음으로 수송 교육대에 갔는데, 교육과정이 혹독했다. 운전을 배우는 과정이 그렇게 힘들 줄 알았으면 나는 수송대에 가겠다고 나서지 않았을 것이다.

조교가 자동차 조수석에 타고 내가 운전하는 모습을 지켜보았다. 그러다가 조금만 삐딱해도 구타를 했다. 어이가 없었다. 그러나 대들 수도 없었다. 대들면 하극상에 해당했다. 교육을 받으면서 매번 얻어맞으며 시간이 가곤 했다. 내가 운전 기술을 갖겠다는 욕심에 현혹되어 포로수용소에 끌려온 것만 같았다.

한번은 1월에 작업을 시켰다. 강원도의 1월은 땅이 꽁꽁 얼어붙어서 도무지 삽이 들어가지 않았다. 능률이 오르지 않았다. 배는 고프고, 삽은 땅에 들어갈 기미가 없었다.

작업을 하면서 투덜투덜할 때 춘천의 여학생들이 걸어가는 것이 아닌가. 교복을 입고 지나가는 여학생들을 보는 순간 '나도 교복을 입고 학교에 다니던 시간들이 있었던가.' 하는 생각이 들었다. 그리고 고향의 바다와 들길이 그리워졌다. 부모님도 보고 싶어졌다.

— 아, 배고프다.

그 순간에 나는 나도 모르게 한 마디 했다.

"야, 홍 이병, 뭐해?"

작업장에 함께 와 있던 이등병 한 명이 나를 불렀다.

"……."

"땅이 얼어서 삽도 안 들어가는데 작업을 하라니, 무슨 군대가 이러나 싶다. 우리 이러지 말고 동네에 가서 몸 좀 녹이고 오자."

"뭐? 동네?"

나는 내 귀를 의심했다. 혹시 누가 듣지 않았을까 겁이 나서 주위를 둘러보았다. 다행히 그와 내가 다른 병사들과 조금 떨어져 있었다.

그날 작업장에서 이탈하여 우리 두 사람은 동네로 가서 어떤 농가의 아랫목에 앉아 있었다. 따뜻한 온돌방에 앉아 있으려니 천국이 따로 없었다. 방에는 화로도 하나 있었다. 그렇게 얼마나 앉아 있었을까? 아주머니가 "방 청소해야 해. 이제 그만하고 돌아가." 라고 하였다.

얼었던 몸을 녹인 우리는 일어섰다. 다행히 작업시간이 아직 남아 있었다. 우리는 슬그머니 동료들이 있는 곳으로 다가갔다.

역경

세상에 나와 어떻게 사는 것이 진리인가? 참으로 어려운 문제다. 요령을 피우며 시세에 편승하면 그 당시는 편할지 모르나 대성할 수 없다. 나는 어려운 길이라도 피하지 않고 요령것 살지는 않았다.

한번은 내가 당번병으로 밥과 국을 나르다가 얼음에 미끄러져 쓰러지고 말았다. 바닥에 국을 많이 엎질러서 거의 못쓰게 되었다. 그날 고기 국이 모자라서 국을 1/4 정도 퍼주자, 부산 출신 오 병장이 더 달라고 했다. 내가 없다고 대답하자, 그는 국을 내 머리에 부어 버렸다.

공휴일의 사역

나는 돈이 없어서 외출을 못 나갔다. 자존심이 강했던 나는 부모님께 돈을 보내달라는 편지를 쓰지 않았다. 단 한 번도 그런 부탁을 하지 않았고, 집에서 보내온 돈을 받아본 일도 없었다.

돈이 없어서 외출도 못하고 내무반에 남아 있는 병사를 그냥 쉬게 해 줄 수도 있었을 텐데 그때는 그러지 않았다. 국방의 의무를 이행하러 입대한 사병들을 자기네 집 머슴처럼 부려먹으려고 하는 상관들이 있었다. 장교나 하사관들이 외출을 안 하고 부대에 남은 병사들을 따로 불러내곤 했다. 한번은 일요일에 내무반에 세 명이 남아 있는데, 부대 상사가 내무반에 들어섰다.

"오늘은 뒷산에 가서 땔나무를 해 와야 하겠다."

“땔나무를 왜요?”

“우리 집에 땔나무가 떨어져서 그래.”

그것이 전부였다.

우리는 더 이상 반문하지 않고 빈 지게를 하나씩 찾아서 등에 메고 산으로 향했다. 강원도는 눈이 한번 오면 발목이 푹푹 빠지기 십상이다. 눈 쌓인 산에 들어가 땔나무를 지게에 가득 채워서 하산했다. 지게를 가득 채워서 산에서 내려올 때쯤이면 시장기가 이만저만이 아니었다.

상사의 집 마당으로 들어서며 인기척을 냈다. 방문이 열리지 않았다. 농촌의 초가집에는 창호지를 바른 문에 손바닥 크기의 유리를 붙여 놓은 조그만 창문이 있는데, 바로 그 손바닥 크기의 창이 살짝 열리는가 싶더니 여자의 목소리가 새어나왔다.

“아, 그거요? 마당에 부려놓고 가세요.”

상사 부인의 목소리를 듣고, 우리 세 사람은 서로의 얼굴을 바라보았다. 혹시 잘못 들은 것이 아닐까 하고 잠깐 서 있었다.

“가자.”

땔나무를 마당에 부려놓았다. 빈 지게를 지고 마당을 벗어나오는데, 빈 지게는 더 이상 빈 지게가 아니었다. 실망과 서운한 마음이 지게에 가득 실려 있었다. 그 마음의 무게는 산에서 땔나무를 가득 지고 내려올 때보다 훨씬 더 무거웠다.

돈이 없어서 휴일 외박을 못 나간 것도 서러웠던 가난한 사병들에게 험한 산에 올라 땔나무를 모아오게 하는 사역을 시키고, 순전히 개인적인 사역에 대해 아무 대가도 줄 마음이 없는 사람들을 이해할 수 없었다. 우리가 바라는 것은 따뜻한 밥 한 그릇 정도다. 상급자들은 그런 사병들의 마음을 전혀 헤아리지 못하고 있었다. 상사의 집에서 내무반까지 걸어오는 길이 그날따라 그렇게 멀 수 없었다.

땔나무를 마당에 내려놓고 돌아올 때 서운한 마음이 오래 남았다.

훗날 군사령관이 하사관들 2,000여 명을 매일 교대로 교육을 시키는 자리에서 하사관들을 만날 기회가 생겼다. 나는 육군 대령으로서 하사관들에게 교육을 시켰다. 바로 그 자리에서 하사관들에게 땔나무를 상사의 집 마당에 부려놓고 귀대하던 이야기를 들려주었다. 그리고 하사관들에게 당부의 말을 했다.

"여러분, 자대에 가면 병사들이 서운해 하는 마음이 혹시 있는지 꼭 헤아려 주세요."

춥고 배고픈 시간들

춥고 배고픈 겨울을 보내고 봄이 왔다. 추위는 조금 가셨지만 배고픈 시간은 좀처럼 끝나지 않았다.

부대 이동을 하다가 보면 '백반'이라고 쓴 간판이 보이곤 했다. 백반이라는 낱말을 보기만 해도 환장을 했다.

한번은 주말에 사병들이 외출을 많이 했는데, 취사장에서 외출한 사병들의 밥까지 짓는 바람에 밥이 정량보다 많이 남게 되었다. 나처럼 외출을 하지 않고 부대에 남았던 사병들은 모처럼 남은 밥을 마음껏 더 먹을 수 있었다. 대부분 병사들은 평소의 양보다 두어 배 더 먹고 식사를 멈췄는데, 한 병사가 밥을 계속 먹고 있었다. 밥을 입에 떠서 넣으면 꾸역꾸역 목구멍을 넘어갔다. 신기하기도 하고 걱정도 되어서 우리는 그를 지켜보고 있었다.

그만 멈추라고 만류하고 싶은 마음이 들기도 했지만 평소에 워낙 굶주린 사실을 너도나도 잘 알고 있었기 때문에 오늘 같은 날 실컷 먹도록 내버려 두고 싶은 마음이 더 컸다.

그는 멈추지 않고 여섯 사람의 몫을 한 자리에서 먹어치웠다. 그리고 숟가락을 내려놓았다. 다음 순간에 문제가 생겼다.

밥을 계속 먹을 때는 몰랐는데, 밥 먹기를 멈추고 식탁에서 일어서려는데 몸이 마음대로 움직여 주지 않았다. 자리에서 일어서려고 몇 차례 애를 쓰는 듯하더니, 끝내 일어서지 못하고 나중에는 울음을 터트렸다. 엉엉 울면서 엉금엉금 식당 바닥을 기어가기 시작했다. 슬픈 시대였다.

추석 다음날이었다.

"홍 일병, 떡 얻으러 가자."

"뭐?"

지난해 겨울에 단 둘이 작업장에서 슬쩍 빠져나가 농촌 마을 온돌방에서 몸을 녹이고 왔던 그 친구였다.

"추석인데 떡 먹고 싶다. 넌 괜찮으냐?"

"먹고 싶어. 하지만 그걸 어디서 구해?"

"나만 따라와."

여주가 고향이라는 그 친구는 부대에서 빠져나가 동네로 들어섰다. 지난번에 들렀던 바로 그 마을이었다. 나는 쭈뼛거리는데 그는 앞장서 가서 떡을 얻어왔다.

"가자."

점호 전에 내무반에 돌아온 우리는 취침 시간에 모포를 뒤집어쓴 채 떡을 먹었다.

담배와 바꾼 두부

운전 교육을 마치고 부대에 갔다.

중대장은 사병들에게 봉급을 안 주는 일이 많았다. 얼마 되지도 않은 월급조차 못 받으니 배가 아무리 고파도 군것질을 못했다. 나는 사병들에게 나오는 담배를 모아두었다가 취사장에 가서 취사병에게 담배를 주었다. 담배를 받은 취사병은 두부를 한 모씩 주었다. 그는 서울대 문리대 출신이었는데, 집이 서울이었다. 평소에 내무반에서 나하고 친하게 지냈고, 서울 집에 한 번씩 가면 바나나 빵, 케이크 같은 먹을거리를 들고 나타났다.

그는 나를 위하여 음식을 준비했고, 나는 두부를 준비하여 그 음식을 나누어 먹으며 우리는 우정을 다졌다.

꼬박 3일 굶고 고향에 가다

첫 휴가를 받았다.

그러나 부대 밖에 신고 나갈 신발이 없었다. 군에서 신던 월남 정글화를 신고는 도저히 부대 밖으로 나갈 수가 없었다. 너무 낡았던 것이다. 하는 수 없이 행정병의 한 사병에게 신을 빌려 신고 휴가를 출발했다. 신발을 빌려 신기는 신었는데 발에 맞지 않았다. 신발이 작아서 절뚝절뚝 부대 밖으로 걸어가고 있을 때였다. 지프차 한 대가 내 옆으로 와서 멈추었다.

"어디 가는가?"

"네, 휴가를 받고 역에 갑니다."

"그래? 그럼 차에 타라."

중령이었다. 지프차는 나를 역까지 태워다 주었다.

강원도에서 기차를 타고 서울의 용산역에 이르렀다. 용산역에서 기차를 내렸는데, 발이 아파서 도저히 걸을 수가 없었다. 신발 가게에 들러 군화 한 켤레를 사니 주머니에 돈이 바닥났다.

배가 고팠지만 밥값이 남아 있지 않았다.

부대에서 출발해서 목포에 도착할 때까지 세 끼니를 꼬박 굶었다. 그렇게 굶고 목포에 도착해서 제주도로 가는 배를 타려고 부두에 나갔는데, 풍랑 때문에 배가 출발하지 않았다. 하는 수 없이 목포에서 하룻밤 머물러야 했다. 휴가를 나왔다가 배를 못 탄 다른 군인들이 부둣가 여관에 들어가는 것을 보고 그들 틈에서 하룻밤 새우잠을 잤다. 잠은 그렇게 잘 수 있었지만 시장기를 채울 수는 없었다. 또한 배표 살 돈이 없어서 제주도에 가서 주기로 하고 외상으로 배를 탔다.

휴가비로 신발을 사고 부대에서 제주도까지 3일을 굶었다.

최선의 길

남들이 군 생활을 하는 만큼 요령껏 했더라면 고생을 좀 덜 할 수도 있었을까? 나는 매번 최선의 길을 택하고 싶었고, 요령을 피울 줄 몰랐다. 그래서 그랬던지 군 생활을 할 때 남들보다 어렵게 했던 것 같다. 8개월 만에 첫 휴가를 받아 고향 집에 왔다. 동네 사람들이 나를 보고 한 마디씩 하셨다.

"군에 갔다더니, 손에 온통 상처투성이구나. 군에서 뭐하다 왔냐?"

"수송부대에서 운전을 배웠습니다. 지금 운전병으로 있습니다."

신은 나를 지켜주고 있다

운전 교육을 받을 때였다. 차 4대가 20여 명씩 태우고 이동했는데, 나는 두 번째 차를 타고 있었다. 출발할 때 보니 4번째 차에서 《사상계》를 읽고 있는 동기가 있었다.

장준하 선생이 1953년에 창간한 월간 종합잡지 《사상계》는 당대 지식인들과 청년, 학생들 사이에서 폭발적인 인기를 모았다. 1950~1960년대의 계몽적 민주주의와 자유민주주의에 기초를 둔 이데

올로기 지향적인 면에서 한국 잡지 역사에 높이 평가되고 있는데, 당시로서는 최장수의 지령을 기록하고, 학계 · 문화계에 많은 문필가를 배출한 공적도 남겼다. 편집의 기본 방향은 ① 민족 통일 문제, ② 민주 사상의 함양, ③ 경제 발전, ④ 새로운 문화 창조, ⑤ 민족적 자존심의 양성으로 요약된다. 《사상계》는 1970년 5월에 김지하의 ＜오적시 五賊詩＞를 게재한 것이 문제되어 정부의 폐간 처분을 받아 통권 205호로 종간되었다.

차가 잠깐 쉬는 시간에 나는 차에서 내려서 4번째 차로 갔다. 《사상계》를 빌리는 사이에 두 번째 차가 나를 기다리지 않고 출발하고 말았다. 차를 못 탄 채 길 위에 서 있는 나를 발견한 교관(중위)은 다짜고짜 나의 얼굴을 주먹으로 후려쳤다. 나는 4번째 차를 타고 이동해야 했다. 그렇게 다른 차를 타고 150m쯤 전진했을 때였다. 나를 길에 내버려둔 채 곧장 이동하던 두 번째 차가 길 옆에 전복되어 있는 것이 보였다. 산을 들이 받고 길에 전복했다.

뜻밖의 사고를 목격하는 순간, 내가 만약 그 차를 탔더라면 사고를 당했을 것이 아닌가 싶었다. 그런 생각을 하니 내가 운이 좋았다고 여겨졌다. 사람들은 신이 없다고들 말하지만 나는 신이 있다고 생각하기 시작했다. 신은 나를 지켜주고 있다는 믿음이 생긴 것이다.

장교로 임관

갑종 152기

나의 사병 군번은 10218193이다. 1957년 10월 7일 논산훈련소에 신병교육을 받고 강원도 수송대대에 배치되어 운전병으로 27개월 동안 복무하였다.

용꿈을 처음 꾸고

장교 시험을 치고, 시험 결과를 기다리던 하루는 용꿈을 꾸었다. 나는 일생에 용꿈을 세 번 꿨는데, 그때는 조그마한 용 한 마리가 숲을 날아가는 꿈이었다. 용꿈을 꾸고 장교 시험 합격 통지서를 받으니 기뻤다. 그것이 첫 번째 용꿈이었다.

1960년 1월 12일에 육군보병학교에 입교하고, 1960년 7월 23일

졸업과 동시에 271명이 소위로 임관하였다. 그 중 장군은 홍성제, 이상한 2명이 나왔다.

육군보병학교에서 장교 후보생 교육을 7개월 동안 받았다. 교육을 받는 7개월 동안 외출 외박을 한 번도 안 한 사람은 나 밖에 없을 것이다. 나는 외출할 돈이 없었다. 훈련생들이 내는 내무반 운영비도 내지 못했다. 한 내무반에서 36명이 모두 외출하면 내무반에 나 혼자 남았다. 혼자 내무반을 지키는 셈이었다.

마음을 담은 시

장교 후보생 시절에 쓴 일기(1960년 3월 1일)에는 당시 나의 마음을 엿볼 수 있는 자작시가 남아 있다.

꽃이 진 무궁화

피고 지는 본성을 어디 버리고

해가 바뀌어도 남아 있는 추한 모습

새싹이 피어나도 떨어질 줄 모르고

새 송이 청순함을 막아섰구나

굳건한 기풍 줄기찬 자태는 어디에 두고

연약하게 자라나는 네 모습에

오천년 역사에 이날 맞아도

천대받는 비천함이여

주위가 너를 이용하고 버려져도
항거를 모르는 뼈대 없는 네 천성
가꾸어질 줄 모르는 태만함이여
조국의 상징 우리 무궁화여
국민의 사랑은 어디에 갔는가

4·19 때 시위 진압 거부

4·19 때였다.

3·15 부정선거에 항의하며 전국이 술렁였다.

광주도 예외가 아니었다.

하루는 중대장이 훈련생들을 한 자리에 모아놓고 훈시를 시작했다.

"우리는 군인이다. 학생들의 소요사태를 진압해야 한다. 따라서 우리는 군복을 입고 광주 시내로 갈 것이다."

나는 중대장의 그 같은 지시가 옳지 않다고 생각했다. 우리는 군인이기도 하지만 장교 교육을 받고 있는 학생이기도 했기 때문이다.

"중대장님, 질문 있습니다."

"그래? 질문이 뭐야?"

나는 자리에서 일어나서 정색을 하고 중대장에게 물었다.

"학생들이 정의에 불타 저렇게 민주주의를 외치고 있습니다. 우리의 임무는 지금 교육을 받는 것입니다. 교육을 받는 학생들이 시내에 가서 학생들을 꼭 진압해야 합니까?"

"뭐라고?"

중대장은 내가 묻는 말에 아무 대답도 하지 않았다. 다만,

"이는 상부 명령이다."라고 단호하게 한 마디 덧붙였다.

그러나 나는 그날 시위 진압을 하려고 시내로 출동하는 대열에 끼지 않았다. 몸이 아파서 못 나간다고 배짱부린 것이었다.

추운 겨울에 내복을 못 입고

1957년 10월 7일 논산훈련소(육군 제2훈련소) 사병으로 입대했을 때 나는 20살이었다.

장교 시험을 치고 1960년 1월 12일에 광주의 육군보병학교에 입교했을 때 23살이었다. 그때 주머니에 230원이 있었다. 그 돈으로 집에 편지를 보냈다. 갑종장교 시험에 합격하여 장교 훈련을 받는다는 소식을 그렇게 집에 전하고 났더니 돈이 한 푼도 안 남았다.

다른 훈련생들은, 집에서 돈을 보내오면 그 돈으로 내복을 사서 작업복 속에 겹쳐서 입고 훈련을 받았다. 장교를 양성하는 교육기관이었지만 자유당 시절에는 그런 훈련생들에게 내복도 나눠주지 못했던 것이다. 그야말로 1960년의 가난한 나라에서 겪는 비참한 현실이 아닐 수 없었다. 추운 겨울에 내복을 못 입고 훈련을 받다보니 살에 파고드는 바람이 그렇게 차가울 수 없었다.

한 번 두 번도 아니고 하루 이틀도 아니었다. 매일 같이 반복하는 훈련이었다. 훈련도 고되지만 추위 또한 사나웠다.

러닝셔츠 하나를 입고 훈련을 받으면서도 나는 돈이 필요하다는 편지를 끝까지 쓰지 않았다. 한겨울의 벌판에서 얇은 러닝셔츠에 작업복 하나 걸치고 이를 악물면서 견디었다.

훈련을 받으려고 건물 밖에 나서면 추워서 몸이 벌벌 떨렸다. 다른 친구들은 훈련이 고되어서 힘들어했는데, 나는 훈련보다 추위가 더 견디기 어려웠다.

장교 후보생들 상호 평가

돈이 없는 어려움은 한겨울의 추위뿐만이 아니었다.

돈이 없기 때문에 나는 동료 후보생들과 어울리기도 어려웠다. 다른 훈련생들은 삼삼오오 모여 다니면서 휴일이면 식사도 함께 하고 상호 교류를 하는데 나는 그들 틈에 끼어들 수 없었다. 상호 평가하는 제도가 있었다. 후보생들이 상호 평가한 결과에서 적성이 부족하다는 판단이 나오는 후보생은 학교 측에서 출교를 시키는 적성 평가 제도였다. 그런 제도 때문에라도 서로 잘 보이려고 삼삼오오 어울려 다니는 듯했다. 서로 친해두면 상호 평가를 할 때 유리하다는 사실을 알았지만 돈이 없는 나는 그렇게 지낼 수 없었다.

나는 나대로 훈련을 열심히 받았고, 병영생활에도 잘 적응해 나아갔다.

장교 교육을 받을 때였다. 한번은 큰형님이 학교로 면회를 왔다. 당시 야당의 제주도 책임자이던 큰형님은 이승만 정권에 대항하고 있었다.

"고생이 많지?"

"……."

그날 큰형님은 국밥을 한 그릇 사주면서 나에게 만원을 건네주었다.

"꼭 필요할 때 요긴하게 써라."

국밥 한 그릇에 2백 50원이던 때였다.

"형님, 고맙습니다. 그런데 저는 돈 없이 졸업하겠다고 결심했습니다. 그런 제가 이 돈을 받으면 되겠습니까. 마음만 받을게요. 돈은 가져가십시오."

나는 국밥 두 그릇 값으로 500원을 빼고 나머지 9천 500원을 형님한테 돌려드렸다.

나는 임관을 하고 고향에 갔다. 마침 국회의원 선거를 하고 있었다. 내가 7월 23일 임관하고 7월 29일에 형님은 5대 국회의원에 당선되었다.

형님은 나를 반갑게 맞아주면서 칭찬했다.

"나는 교육의 힘이 위대하다는 것을 새삼 알았다."

형은 그렇게 감탄했다.

큰형님(홍문중: 5대 국회의원)

1939년에 우리 가족은 일본에서 제주도로 귀국했다. 그 때 큰형님과 둘째 형은 오사카 집에 남아서 학업을 계속했다. 큰형님은 고등학교 때 웅변대회에 나갔는데, 조선과 일본을 통틀어서 1등을 차지했고, 27살 때 금융조합(국민은행 전신)의 전무이사로 부임했는데, 한국의 최연소 전무이사였다. 어릴 때부터 연설을 잘하던 큰형님은, 대한민국의 정부가 수립되자 국회의원에 출마하였다. 큰형은 제주도에서 야당으로 활동하면서 부패한 자유당 정권 퇴진에 앞장섰다. 선거에서 세 번 떨어지고 제5대 국회의원(1960년 7월 29일~1961년 5월 16일)에 당선되었다. 당선될 때 무소속으로 돈 한 푼 없이 국회의원에 당선됐다.

꿈에 아버지 뵙고

후보생 피교육 중에 발가락의 틈새가 부어올랐다. 곧 곪아가더니 몹시 아팠다. 곪는 그 통증 때문에 밥도 못 먹었다. 3주 남짓 그렇게 견디고 다니던 하루는 꿈에 아버지가 나타났다. 꿈에 아버지를 뵙고 신기하게 곪은 자리가 아물기 시작했다.

당시 후보생 때 함께 공부한 송철음씨(전 부천시의회 의장)가 그때 나의 상황을 기억하고 있었다. 그 친구에 따르면 후보생들은 나를 부축하려고 서로 경쟁을 했다고 했다. 내가 아파서 밥을 못 먹는 것을 알고 나를 부축하면서 내 밥을 먹으려고 나를 서로 부축하려고 했다는 말을 나중에 들었다. 자유당 시절의 군대는 군대라고 할 것이 없었다. 후보생 교육 중에 4·19가 나고 이승만 정권은 역사 속으로 사라졌다. 그리고 정국은 혼란스러웠다.

뜨거운 임관식

7월의 뜨거운 태양이 떴다. 1960년 7월 23일 임관식장은 뙤약볕에 지친 사람들이 쓰러지기도 했다. 나도 곧 쓰러질 것 같았다.

밥도 제대로 못 먹었던 나는 쓰러지지 않으려고 이를 악물었다. 이빨에서 피가 났다. 나도 모르게 이를 너무 세게 악물었던 모양이었다. 졸업식에서 임관을 하고 나는 육군 소위가 되었다.

계급장 수여식에서 육군 대령이 나에게 계급장을 부착하면서

"집에서 올 사람이 아무도 없는가?"라고 묻자 나는,

"예."하고 대답했다.

졸업식이 끝나자 12시였다. 그때 봉급을 받았다. 그날 받은 소위의 봉급으로 나는 냉면을 사먹었다. 그런데 냉면을 먹다가 체하고 말았다. 세끼 굶고 급하게 먹었는지, 냉면에 체해서 무척이나 고생을 했다. 그 뒤로 한 동안 냉면을 못 먹었을 정도였다.

임관 전날 외출을 허용하였다. 나는 돈이 없어서 친구네 집에 얹혀자고 아침, 점심, 저녁을 굶은 채 임관식에 참석하였다.

최전선 소대장으로 부임

소통이 최선

첫 부임지(484고지)에서 소대원들에게 들으니, 내 전임 소대장은 밤마다 총을 들고 발발 떨었다고 했다. 그런데 나는 무서운 게 없었다. 나를 괴롭힌 것은 북쪽의 적들보다 우리 부대 내부의 사소한 문제들이었는데, 한번은 우리 소대에서 도난 사고가 일어났다. 병사의 돈을 누군가 훔친 것이다.

소대원은 36명이었다. 도난사고를 보고받고 훔친 사람이 누구인지 곰곰 생각해 보니 아주 간단하게 범인을 찾을 수 있었다. 병사들이 깊은 잠이 빠지는 시간은 대부분 밤 12시에서 새벽 4시 사이였다. 12시와 4시를 빼면 밤 1시와 2시, 3시에 불침번이 도둑질을 한 것이 분명했다. 즉 그 시간에 보초를 선 병사를 추리면 누가 도둑질을 했는지 짐작이 갔다.

그런 방법으로 추리를 한 끝에 딱 한 병사에게 의심이 모아졌고, 돈을 훔친 사람을 찾을 수 있었다. 소대를 책임지고 있는 나는 그때부터 고민을 시작했다. 그는 총을 가지고 있는 도둑이 아닌가. 총을 쏠 수도 있고, 그도 아니면 휴전선 북쪽으로 도망갈 가능성도 있었다. 철조망도 아무것도 없을 때였다. 도둑을 밝히는 것이 문제가 아니라 그 도둑을 어떻게 부대에 적응을 시킬 것인가의 문제였다.

고민 끝에 소대원 36명을 집합시켰다. 나는 솔직하게 내 생각을 털어놓기로 했다.

"우리 소대에서 도난 사고가 났다."

내가 말을 꺼내자 소대원들은 긴장하기 시작했다. 도둑을 잡으려고 단체 기합이라도 줄 것으로 짐작하는 모양이었다. 나는 차분하게 얘기를 이어갔다.

"돈을 잃은 사람은 돈을 찾고 싶을 것이다. 나 또한 그러고 싶다. 그런데 다시 생각해 보니 그렇게 해서 해결될 일이 아니다. 우리 중에 누가 도둑인지 밝혀지면 그것이 더 큰 문제인 것 같다. 그 사람이 부대에서 생활을 제대로 하지 못할 것 같기 때문이다. 전우의 돈을 도둑질한 사람으로 찍히고도 GOP 생활을 할 수 있을 것 같은가? 그렇지 않다. 우선은 미안할 것이다. 그 마음을 견디지 못하고 이북으로 갈 수도 있다. 그러지 않고 사고를 칠 수도 있다. 내가 잘못 생각한 것이냐?"

나는 소대원들에게 생각할 틈을 잠깐 주었다가 다시 물었다.

"나는 여기 모인 사람들이 무사히 군 생활을 마치고 고향으로 갈 수 있기를 바란다. 여러분도 모두 똑같은 마음이라고 생각한다."

"……."

"그래서 나는 이번 도난 사건의 범인을 찾지 않기로 마음먹었다. 우리는 누가 돈을 훔쳤든지 그 사람도 우리의 전우다. 여러분은 어떤가?"

"옳습니다."

소대원들은 모두 그렇게 나의 뜻에 동의했다. 그래서 나는 도난 사고를 덮어버렸다.

그런 일이 있고 얼마 안 된 어느 날 식사를 할 때 나의 반합에 더덕이 제법 많이 놓여 있었다. 나는 그 더덕을 누가 어떤 마음으로 가져다놓았는지 짐작할 수 있었다. 돈을 훔친 병사가 나에게 고마운 마음의 표시로 그런 식으로 했던 것이다. 그 이후에도 그는 뭐든 좋은 것이 생기면 내게 가져다주었는데, 그때마다 자기의 정체를 감추었다.

비록 작은 사건이었지만 그 일을 처리하면서 나는, 아무리 나쁜 죄를 저지른 부하라도 그런 부하를 감싸 안을 줄 알아야 하겠다, 고 다짐했다. 그런 상황에서 범인을 잡고 잃어버린 돈을 찾아본들 무슨 이익이 있었겠는가.

소통이 최선의 방법이었다. 무슨 일을 겪거나 어떤 문제가 생겼을 때 한번만 더 생각하면 보다 더 좋은 해결 방법이 나타났고, 솔직하게 소통을 시도하면 인간이기 때문에 마음이 통한다는 것을 알게 되었다.

484 고지의 일기

장교 임관을 하고 28사단 484 고지에 부임하여 쓴 일기(1960년 10월 19일)가 그때의 나의 마음을 대변한다.

오늘의 감정

갈라진 조국 동족상잔으로 폐허가 된 땅

오늘도 총부리를 겨눈 채

고요한 적막에 몸소름 끼치는 자여

밤새껏 고향땅 그리는구나

몰지각한 현실을 망각한 채

묵묵히 전선을 지킨다

정치는 이들에게 미치지 못해

감정의 응어리는 더욱 커지고

오늘도 이들은 술타령이라

이래도 이들이 싸우는 자냐?

역사의 심판은 때만 찾는 줄

어찌하여 너희는 알지 못하고

오늘도 사욕에 눈이 어두워

그래도 말로만 애국한다고

썩어빠진 무리는 쓸어버리고

내 나라 내 아끼는 백성 만들어

이 나라 자손만대 길이 누리리

이것이 우리들의 나아갈 길

애국 충정은 변치 않으리

(이 글을 쓰고 7개월 뒤인 1961년 5·16이 일어났다.)

최전방에 방치된 무덤

나는 휴전선에서도 일기를 쉬지 않고 썼다. 최전방에 방치된 무덤을 목격하고 쓴 일기(1961년 4월 9일)도 있다.

용사의 무덤 앞에

삭막한 이 능선에

수백 수천의 젊음이

통일 부르다 쓰러진 용사의 무덤 앞에

너는 아느냐 동족상잔의 이 참상을

파헤쳐 널려진 이 무덤을

젊음의 정열은 어디 갔으며

피 맺힌 절규는 누가 듣는가

무정한 세정이여

생전에 나라 위해 젊음을 바쳤지만
죽어서 내 무덤 찾는 이 없고
동족에 죽는 한 풀길 없구나

육신은 짐승의 밥이 되고
임자 없는 영혼이라 버려져도
역사가 남긴 한을 스스로 안고
말없이 이 강산 지켜보누나

GOP 소대장 근무

제28사단 82연대 GOP 소대장으로 근무할 때였다.

"추석 다음 날 사단장이 GOP를 방문한다. 준비하라."

연대에서 그 같은 전달이 사전에 왔지만, 사단장이 우리 GOP에 올 리가 있느냐는 마음이 들었다. 그래서 추석을 맞이하여 그냥 술 먹고 잘 지냈다. 추석 명절을 맞아 GOP 주변에 쓰레기가 쌓이고, 술병들이 엉망진창일 때 사단장이 나타났다. 이세호 사단장이었다. 사단장이 왔는데, GOP는 민망할 정도로 어수선했다. 나는 사단장을 뒤따라 걸으면서 청소를 해야 했다. 어이가 없을 정도로 GOP 주변이 어수선했다.

사단장이 앞장서고 연대장과 대대장이 따라갔다.

"이 GOP가 형편없어. 전보다 못한 것 같아."

사단장이 한 마디 했다.

"내일 모레 내가 다시 올 테니까, 그때까지 준비해."

사단장이 간 뒤부터 삽을 들고 나무를 다 캤다. 그러면서 밤새 준비하고 났더니 그 다음날 사단장이 다시 왔다. 지난번 때와 완전히 달라진 GOP를 보고 사단장이 또 한 마디 했다.

"홍 소위에게 표창을 줘라."

나는 사단장 표창을 그때 처음 탔다. 그때도 사단장이 온다는 소식을 듣고 아무 준비도 없이 지내다가 그런 일을 겪었다. 매사에 미리 준비해야 한다는 교훈을 얻었다. 설마는 안 통하는 법이었다.

생활비에 못 미치는 장교 월급

첫 월급을 소대장으로서 받았는데 중대장이 빌려달라고 했다. 오죽 급했으면 부하에게 월급을 빌려달라고 했을까 싶어서 그 돈을 빌려줬다. 그런데 도무지 갚을 생각을 하지 않았다. 결국 월급을 날린 셈이 되었다. 곧 중대장이 새로 부임했다. 신임 중대장이 6개월 남짓 근무한 어느 날 나에게 의논했다.

"홍 소위, 이 일을 어쩌면 좋을까?

"무슨 말씀이십니까?"

"오늘 점검해 보았더니, 우리 중대에 쌀이 30가마니나 모자라지 뭐야. 이 노릇을 어쩌지?"

나는 중대장을 똑바로 바라보았다. 당시 부대 간부들은 병사들이 먹을 쌀을 자기 집으로 가져가곤 했다. 장교 월급으로는 생활비가 턱없이 모자랐던 것이다. 그런 사실을 알고 있는 나는 그 자리에서 중대장에게 대답했다.

"중대장님, 제가 쌀을 한 번 채워보겠습니다."

"제가 만약 쌀을 채우면 사병들의 정량 급식을 보장해 주십시오. 그렇게 하시겠습니까?"

"알았어. 약속할게."

나는 그 길로 중대 150명을 집합시켰다. 그리고 쌀 30가마니가 지금 모자란다고 솔직하게 얘기했다.

"지금 쌀이 부족한 것을 채우려면 우리가 정량보다 덜 먹는 방법밖에 없다."

소통이 중요했다. 중대 150명에게 상황을 털어놨고 부족한 쌀을 보충하는 방법은 우리가 덜 먹어야 한다고 설명한 뒤, 그렇게 해서 쌀을 채우면 그 다음에는 정량대로 배부르게 먹을 수 있다고 약속했다.

"여러분 생각은 어떤가?"

"무슨 말씀인지 알겠습니다. 그렇게 하겠습니다."

그 같은 방법으로 우리는 부족한 쌀을 두 달 만에 보충했고, 중대장은 약속을 지켰다.

쌀을 보충한 뒤 병사들은 정량대로 밥을 받아먹게 되었다. 그때부터 나는 병사들의 주보(부대 안 매점)에 가지 못하게 단속했다.

"그 동안은 밥을 먹어도 배가 고프니까 주보에 가서 뭐든 사먹었지만, 이제부터는 주보에 가지 마라. 그 돈을 저축하라는 뜻이다."

병사들은 나의 뜻을 따라주었다.

주보는 중대장의 수입이 잡히는 가게였다. 병사들이 뭐든 사먹어야 중대장에게 그만큼 수입이 생길 텐데 내가 주보 출입을 단속한 뒤로 중대장의 수입이 줄 수밖에 없었다.

"군대에서 돈 쓸 일이 무엇이냐? 정량대로 밥 먹고 근무하면 되는 것이다. 비록 적은 월급이라도 그걸 집에 보내주도록 해라. 부모님이 얼마나 좋아하시겠냐?"

내 밑에 속한 병사들이 주보를 안 드나들자 중대장이 나를 곱지 않게 보는 듯했다. 그러거나 말거나 나는 소신껏 부대원들을 타일렀다. 부대원들에게 나는, 내가 집에서 돈 한 푼 받지 않고 그 동안 살아온 군 생활을 들려주기도 했다.

"집에 편지해서 돈 부쳐달라고 하지 말고, 봉급을 부모님께 부쳐라."

귀에 못이 박히도록 반복해서 타일렀다. 그러자 우리 소대원들은 100% 집에 월급을 송금했다. 중대장으로서는 내가 밉상이었다. 쌀도 내가지 못하는데, 주보 수입까지 막혔던 것이다.

대대장의 신임

하루는 대대가 부대 밖으로 1개월 간 진지 공사를 나갔다가 밤 2시에 부대로 복귀하라는 명령이 떨어졌다.

밤이 깊도록 공사를 한 병사들은 지칠 대로 지쳐 있었다. 몸이 피로한 채 늦은 밤에 귀대하느라고 병사들의 군기가 흐트러졌다. 장교들은 다 영외로 나가고 처음에는 오와 열이 흐트러지더니 곧 소속이 섞이고, 뿔뿔이 흩어져서 귀대했다. 패잔병이 따로 없었다. 그 중 오직 우리 5중대만 오와 열을 흐트러트리지 않고 평소와 똑같이 일사분란하게 귀대하였다. 귀대하는 병사들을 지켜보던 대대장은

"저 중대는 어디인가?"

라고 물었다.

"2대대 5중대입니다."

"인솔자가 누구지?"

"홍성제 소위입니다."

대대장이 우리 중대로 다가왔다.

"야, 홍 소위, 네가 대대를 인솔해."

나는 졸지에 대대 전 병력을 인솔하게 되었다.

사단 무장경기에서 1등

그날 이후 허은성 대대장은 나를 신임하기 시작했다. 한번은 대대장이 나를 불렀다.

"네가 우리 대대에서 1개 소대를 새로 구성해봐. 네 마음대로 병사를 선발해서 최고의 소대를 만들어 보라는 뜻이야."

대대장의 특별한 명령을 받은 나는 편재된 소대원 그대로 무장경

기에서 사단 1등 소대를 만들었다.

그래서 군단 대회에 나가게 되었다. 그런데 며칠 전부터 내가 설사가 났다. 내 대신 신말업 소대장이 우리 소대를 인솔하여 구보대회에 참석했다. 신 소위는 구보 도중에 쓰러졌다. 소대원들이 신 소위를 메고 뛰느라고 우리 소대는 2등에 머물렀다. 그날 몸이 아파서 구보대회에 참석하지 못해서 나는 아쉬움이 남았다. 신 소위는 훗날 대장까지 진급했다. 나를 만날 때마다

"자네 때문에 죽을 뻔 했네."

라고 말하곤 했는데, 지금은 고인이 되었다.

휴전선의 수색 중대

나의 두 번째 부임지는 휴전선의 수색 중대였다.

대한민국 최전방 GP를 지키는 일인데, 전쟁이 나면,

"인민군이 쳐들어온다."고 아군에게 알리고 곧 죽을 수밖에 없는 초소였다. 마음을 단단히 먹고 최전방으로 가서 전임자를 만났다.

"이곳 GP에 큰 뱀이 산다."

전임자가 인계를 하면서 나에게 알려 주었다.

"뱀을 봤습니까?"

"내가 직접 보지는 못했어."

벙커에 개가 있었다. 눈이 많이 오는 날이었다. 밤이 깊었는데 갑자기 개가 짖기 시작했다. 그 소리는 우리 초소에 상황이 발생했다

는 신호와 같았다. 그때만 해도 휴전선에 제대로 된 철조망조차 없었다. 상황이 발생하면 그만큼 위험했다. 개 짖는 소리를 듣고 나는 자리에서 벌떡 일어났다.

"무슨 일이야?"

내가 초병에게 물었다.

"전방에 말소리가 들립니다."

나는 권총을 버리고 칼빈 소총에 대검을 달았다. 무장을 하고 나서는데 병사들이 겁을 먹고 있었다. 초소에 있던 10명이 정신을 못 차린 채, "우우우……."하고 소리까지 내면서 떨고 있었다.

적군이 GP로 접근할 때 기선을 제압하지 못하거나, 전열이 흐트러지면 몰살할 수 있었다. 나는 대검으로 병사들의 궁둥이를 찔렀다. 그때서야 정신들이 돌아왔다.

나는 초소를 단속하고 총구를 전방으로 향한 채 적이 다가오기를 조용히 기다렸다. 그런데 다행히 움직이는 물체는 우리 측으로 더 이상 접근하는 물체가 없었다.

다음날 날이 밝았을 때 살펴보니 초소 앞에 발자국이 나 있었다. 눈이 오는 밤에 북쪽 병사가 왔다 간 흔적이었다. 그때 우리가 조금이라도 대응을 잘못했다면 그 자리에서 몰살을 당했을 것이다. 지휘자의 판단이 중요하다는 사실을 그때 깨달았다.

삶과 죽음이 한 순간의 판단에 달려 있었다. 위험이 그렇게 가까이 있다고 실감한 사건이기도 했다. 우리는 초소를 정비하기로 했다.

기왕이면 병사들 지휘소를 보수할 생각으로 작업을 했다. 지붕 위 흙을 팠더니 굴이 나타났다. 폭탄이 터진 자리 같기도 했다. 하지만 초소 지붕에 폭탄이 터진 것 같지는 않았다. 나중에 보니 병사 막사 지붕의 굴은 뱀 굴이었다.

병사들은 군기가 엉망이었다. 어떻게 병사들을 훈련시킬까? 고민하던 나는 계단 작업을 실시하였다. 당시 GP를 오르려면 밧줄을 잡고 올라가야 했다. 군기도 잡고 보급품의 원활한 공급을 위해서 병사들에게 계단을 만들게 했다. 그 작업을 하면서 나는 병사들과 똑같이 작업에 참여하여 640계단을 만들었다. 그때 나와 병사들이 만든 계단은 대한민국 최전방 GP에서 가장 높은 계단이 되었다. 비록 힘겨운 노동이었지만 그 작업을 하느라고 병사들은 정신이 번쩍 들고 군기도 잡혀갔다.

휴전선에서 인민군과 만나고

철책 작업을 할 때였다. 인민군이 또 다가왔다. 그래서 만났다. 내가 보기에 장교가 하사 계급장을 달고 왔다. 남쪽과 북쪽의 중간 지점에서 만났다. 나는 권총만 차고 있었다. 중대장과 중대 부관이 함께 있었다.

"장교님, 참 젊습니다."

하사 계급장을 달고 다가온 군관이 나를 보면서 말을 걸었다. 그때 나는 스물 네 살이었다.

"제가 보기에 하사님은 군관 같은데 왜 계급을 위장하십니까?"

내가 묻자 그는,

"에이, 그러지 맙시다."라고 대꾸했다.

우리가 중간지점에서 인민군을 만나고 온 사실을 보안부대 요원이 상급부대에 보고했다. 그 일로 중대장이 보직 해임되었다. 중대부관도 역시 보직이 해임되었다. 그런데 나는 해임이 안 되었다.

알고 보니, 보안대 상사가 상급 부대에 보고할 때 나만 빼놓고 보고를 했다는 것이었다. 그때 인민군하고 접촉했다고 나까지 보고했더라면 나 역시 해임되었을 텐데, 그 때 보안부대 상사가 왜 나에 대해서는 보고를 안 했는지 지금도 궁금하다.

DMZ 155 마일

DMZ에서 나는 분단 현실을 몸으로 느꼈다. 그 같은 체험은 통일을 염원하는 시로 형상화했고, 그럴 때마다 나는 일기(1961년 7월 1일)를 적어나갔다.

군사분계선

내 앞에 펼쳐진 조국 산하

녹슨 철조망과 노란 푯말 군사분계선

산마다 파헤쳐진 흙더미 속에 살기 띤 눈초리들

그 옛날 동족상쟁의 피 흘린 자취들

널려 있는 총탄들

신경을 건드리는 양쪽의 사격소리

심리전 기습·간첩 투입 등

상호 수단을 위한 최전선

155마일 DMZ

한 핏줄 둘로 나눠

산천을 둘로 갈라

이처럼 산천은 내 심정 울려주는데

남북으로 갈려 패진 나무 풀포기들이 나를 비웃는구나

짐승도 새들도 남북을 맘대로 드나드는데

인간이 조국산천 못가는 한심한 현실이여

국민아 민족혼 피가 흐르면

우리의 터전 이 산천 어이 버리고

사상의 노예에 떨어지느냐

보아라 이 현실을

낡은 이 철선이

이 나라 온 힘을 가로막다니

통일이라 흔해진 말 이 강산 채워

맘속에 새겨짐은 몇 자나 될까?

자주를 모르는 사대의 근성

오늘도 그 전통 이어가다니

국가의 장래를 생각하거든

네 맘속의 허욕은 떼어버리고

조국에 충성만을 생각하여라

이 나라 통일을 원하거든

자신의 이기주의 떨쳐버리고

국가 위해 희생됨을 자랑하여라

세대의 이 치욕 이 철선을

힘 모아 치워버리자

이종찬 소위

이종찬 소대장(전 국정원장)이, 중대에 바로 연결되어 있는 전선을 자기 소대로 연결시켜 버렸다. GP는 전쟁 발발시 적 침공 소식을 알리고 죽는 최전방 초소이며, 통신선이 중대에 직통으로 연결되어 있었다.

"소대장님, 무슨 일을 이렇게 하십니까?"

"왜 그래? 뭐가 문제야?"

"지금 무엇을 잘못했는지 몰라요?"

"지휘 통제를 하려고 전선을 우리 쪽으로 연결했어. 그게 어떻다는 거야?"

"내일 내가 갈 테니 기다리세요."

나는 권총에 실탄을 장전하고 이종찬 소대장을 찾아갔다. 권총을 뽑아 이종찬 소대장에게 겨누었다.

"홍 소위, 권총 내려놓고 말해."

이종찬씨는 나보다 나이가 2살 많았다. 내가 막무가내로 나오자 나이를 내세우면서 나를 설득하려고 들었다.

"나한테 너는 동생뻘인데 이거 너무하는 것 아니냐?"

"나도 60년에 같이 임관했어요. 똑같은 소대장끼리 뭘 너무한 것입니까?"

나는 나대로 버텼다. 내가 좀처럼 물러날 기미가 없자 이종찬 소대장은 뜻을 굽혔다. 잘못된 것을 보면 참지 못하는 내 성미는 그때 살기까지 보였던 모양이었다.

훗날 국정원장을 역임한 이종찬씨는, 내가 새정치국민회의에 입당하며 제주에서 기자회견을 할 때 정대철 대표와 함께 입회했다. 대통령 감으로도 손색이 없는 인물이다. 그의 할아버지 이회영 선생은 6형제가 만주로 가서 당시 재산 600만 원(현재 600억 원 상당)으로 신흥무관학교를 설립(1919년 5월 3일)하여 독립군을 양성하는 등 독립운동을 하였다. 그 과정에서 아사한 일족도 있고, 이회영 선생은 여순감옥에서 옥사하였다. 이시영 선생은 환국하여 제헌국회에서 실시된 정 · 부통령선거(1948년 7월 20일)에서 대한민국 초대 부통령에 당선되었다. 이종찬씨의 선친들이 보여준 조국에 대한 충정에 나는 깊은 감명을 받았다.

이종찬 전 국정원장과 나는 지금도 서로 교류하고 있다.

오발 사고로 보직 해임

휴전선의 통신선을 원상 복귀한다는 약속을 이종찬 소대장에게 받고 또 둘이 화해한 뒤 내가 우리 벙커로 돌아올 때였다.

구렁이 한 마리가 내가 벙커로 다가가는 길목에 머리를 대고 나를 지켜보고 있었다. 최전방에서는 병사들이 소대장을 늘 호위했다. 소대장이 휴전선 북쪽으로 잡혀가면 큰일이기 때문이었다.

"소대장님, 쏠까요?"

나를 호위하던 병사가 나의 명령을 기다리고 있었다. 내가 판단하기에 따라 뱀은 죽을 수도 있고 살 수도 있었다.

"쏘지 마!"

나는 그 뱀을 살려야 한다고 판단했다. 그때 나의 마음에는 어머니가 떠올랐다. 추석 이틀 전인데, 어머니는 명절 때 제사를 준비하면서 비린 것을 못 보게 했다. 죽은 쥐도 못 보게 하던 어머니를 생각하니, 민족의 명절 추석을 앞두고 살생을 해서는 안 되겠다는 생각이 들었던 것이다.

"……."

우리는 뱀을 죽이지 않기로 하고, 뱀이 사라질 때까지 기다렸다.

그런데 뱀은 우리를 보고도 길을 비켜주지 않았다. 그렇다고 언제까지 그 자리에서 기다리고 있을 수도 없었다.

"지나가자."

우리가 뱀을 지나치며 전진하자, 그때서야 뱀도 스르르 움직이며 숲으로 들어갔다.

그렇게 나는 관측소에 와서 권총을 풀었다. 그런데 그 순간 권총에서 총알이 "땡!"하며 나가는 것이 아닌가. 총소리와 함께 관측병이 쓰러졌다. 오발 사고였다.

나는 총에 맞은 병사를 얼른 병원으로 수송했다.

그런 총기 사고를 겪으면서 나는 겁이 없어졌다. 대범해진 나는 병사들에게 엉뚱한 명령을 했다.

"밖에 가서 밤 좀 따와!"

우리 GP에서 보면 옛날 민가가 DMZ에 있었다. 그 집에 밤나무가 있고 가을에는 밤이 많이 떨어져 있었다. 병사들이 나가더니 밤을 한 포대씩 메고 왔다.

"술 만든 것 있지? 술 좀 가져와!"

나는 그날 근처 GP에 있는 이종찬 소대장과 동기생 김종환 소위를 우리 GP로 불렀다. GP 근처에서 따온 밤을 안주로 삼아 병사들이 담아놓은 술을 마시며 회식을 했다. 오발 사고로 바짝 긴장한 병사들이 회식을 하며 마음의 안정을 찾아갔다. 그럴 즈음 중대장이 전화를 걸어왔다.

"어이, 홍 소위, 타락하지 마!"

그는 육사 12기였다.

"걱정하지 마십시오. 중대장님, 일생을 살면서 이런 일이 있을 때마다 타락하겠습니까?"

나는 담담하게 대답했다.

오발 사고 소식은 곧 상급부대에 보고되었다. 보안 부대 상사가 중대 책임자인데, 전화가 걸려왔다.

"홍 소위님, 걱정하지 마십시오."

"여보, 당신이 나한테 전화하는 것을 보니 내가 이북으로 도망갈까 봐 전화한 모양인데, 나는 죄 짓고 도망 안 가."

그날 오발 사고로 나는 보직이 해임되었다.

사람의 운명은 아무도 몰라

오발 사고 직후에 나는 무반동총 중대로 전출되었다.

나는 사단의 징계위원회의에 가야 했다. 징계위원이 나에 대한 징계록을 읽어주었다.

"이 징계록에 대해 할 말이 있는가?"

징계록 낭독이 끝나자 참모장이 나에게 물었다.

"없습니다."

"그럼, 밖에 나가 있어!"

참모장이 나가라고 해서 문을 열고 나왔다. 밖에서 듣고 있으려니 나에 대해 의논하는 소리가 들렸다.

"홍 소위는 장래성이 있는 장교입니다. 처벌을 가볍게 하면 어떨까요?"

참모 한 사람이 건의하고 있었다.

"무슨 소리야? 오발하는 장교는 국군에 필요 없어. 오발한 실탄에 맞고 그 병사가 그 자리에서 죽었으면 어떡할 거야? 군복을 벗겨야 해."

참모장이 단호하게 말하는 소리도 들렸다. 그런 소리를 듣고 있으려니 참담했다.

중징계를 받고 어떻게 군에 머무를 엄두를 낼 수 있겠는가. 나 또한 이제 군 생활도 끝났구나 하는 생각이 들었다. 옷을 벗겨야 된다고 참모장이 으름장 놓고 있는 판에 내가 무슨 수로 군대에 남아 있겠는가.

그 후 참모장(조기백 대령)은, 연대장으로 근무할 당시 공비가 나타났다는 보고를 받고 출동하였다가 자신이 수류탄을 오발하여 자신과 작전주임, 중대장 등이 즉사하였다.

인간은 누구든 큰소리 칠 사람은 없다.

5·16 직후에 면책

징계위원회에서 징계위원들과 참모장이 주고받는 대화를 듣고 맥이 빠진 채 부대에 돌아와 있었다. 사단 사령부 부관부 상사가 만나자고 연락을 해왔다.

"부관부 상사가 만나자고 하는데, 혹시 저한테 돈을 요구하지 않을까요?"

나는 중대장에게 보고했다.

"상사가 그럴 리가 있나. 다녀와."

중대장은 나를 안심시키면서 부관부 상사를 만나고 오라고 했다.

"제가 보니 홍 소위한테 중징계가 떨어질 것 같습니다. 중징계 일주일이면 다음번에 제대해야 하는 것 알지요?"

"……."

"만 오천 원만 내면 견책으로 해 줄 수도 있습니다."

부관부 상사가 돈을 요구할 것 같다고 생각한 나의 짐작이 맞았다.

"참모장께서 나에 대해 뭐라고 말씀을 하시던가요?"

나는 차분하게 상사에게 물었다.

"오발 사고 현장에서 그 병사가 죽었으면 어떡했을 거냐고 하시면서 중징계를 하라고 하셨습니다.

"……."

"내가 참모장님을 직접 뵙고 말씀을 드려야 하겠습니다."

"무슨 말씀이세요? 참모장을 직접 만나셨다고요?"

나는 상사의 놀란 표정을 뒤로 한 채 참모장 집무실로 뛰어 갔다. 젊은 소대장이 화를 내면서 뛰어나가는 모습을 보더니 겁이 났던지, 부관부 대위가 내 뒤를 따라왔다. 그러거나 말거나 나는 참모장 집무실의 문을 노크도 하지 않고 들어갔다. 그런데 방이 비어 있었다.

"홍 소위, 왜 이래? 지금 무슨 상황인지 모르고 있는 거야?"

나를 따라온 부관부 대위는 나를 타이르려 들었다.

"참모장이 오실 때가지 이 방 앞에서 기다리겠습니다."

"이러지 마라. 참모장한테 덤볐다가 최소한 3년 중벌을 받으면 어떡할 거야?"

"그래도 할 수 없습니다. 저는 저의 죄에 대하여 책임을 지고 싶을 뿐입니다."

"……."

"중징계 아니라 3년 징역형을 받더라도 제가 할 말은 해야 하겠습니다."

마음을 단단히 먹고 버티는데 그 방에서 기다리는 참모장은 안 나타나고 복도에 갑자기 사단장이 나타났다. 참모장에게 따지려고 왔던 참인데 사단장 앞에 버티고 설 수는 없었다. 나는 얼른 주번 사령실로 들어갔다.

바로 그때였다. 사단장 뒤에서 걸어오던 인사참모와 내가 창문을 사이에 두고 눈이 마주쳤다. 인사참모는 걸음을 멈추더니,

"이쪽으로 와!"라고 하며 나를 불렀다.

인사참모는 예전에 내가 대대장으로 모시던 허은성 중령이었다.

"여기를 어떻게 왔는가?"

"병원에 위문 왔습니다."

허은성 인사참모 옆에 부관부 대위가 있었다. 인사참모가 그에게 물었다.

“이 사람 어떻게 됐어?”

“중징계 1주일 나왔습니다.”

“그래? 그럼 그 징계장을 나한테 가져와. 내가 사단장한테 직접 결재를 받을게.”

“네, 알겠습니다.”

내가 부탁한 일이 아니었다.

허은성 인사참모가 사단장 결재를 받을 때 나에 대해 말씀을 잘 드린 덕에 나는 중징계를 면하고 견책이 되었는데, 5·16 직후에 면책이 되어 중위로 진급도 할 수 있었다.

그날 중대로 복귀하는데, 허은성 인사참모가 당신도 그 쪽으로 간다며 나를 차에 태워주어서 인사참모 차에 탑승하였다.

“솔직하게 말해봐. 너, 어떻게 온 거야?”라고 인사참모가 물었다.

“아, 부관부에서 돈 만 오천 원이면 견책을 해 주겠다고 해서, 제가 기합을 주고 갑니다.”

“부관부 상사지? 맞아?”

그 순간 나는 멈칫했다. 그 상사가 나에게 한 짓을 인사참모에게 밝히면 그 길로 그 사람은 군복을 벗게 될 것 같았다. 사람이 밉지만 그렇다고 당장 옷을 벗기면 그 사람의 처자식은 어떻게 살까 하는 걱정이 생겼다. 그래서 나는 그 상사가 누구라고 밝히지 않았다.

“아닙니다. 부관부 상사가 그럴 리가 있습니까.”

그렇게 인사참모를 만난 다음날 부관부 참모가 나에게 전화를 걸어왔다.

"홍 소위, 누가 홍 소위에게 돈을 달라고 했다는 데 그 놈이 누구야?"

부관 참모는 그런 일에 대해 전혀 몰랐다는 듯이 나에게 물었다. 그러나 사실은 부관부 상사와 대위, 그리고 참모는 한통속이었다.

"아닙니다. 저는 그런 일 없습니다."

나는 시치미를 뗐다.

"그래? 알았어."

부관 참모는 더 이상 묻지 않고 전화를 끊었다.

비록 견책으로 그쳤지만, 처벌을 받은 나로서는 군에서 더 이상 발전할 수 없을 것만 같아 서울에서 홍익대학교에 입학하였다.

5·16의 주체 세력의 등장

허은성 인사참모는 5·16 당시 장도영 장군의 파로 예편되었다.

5·16이 났을 때 장도영이 군사혁명위원회 의장이 되는 것을 보고 당시 소위이던 나는,

"장도영은 끝났다." 라고 말했다.

중대 부관은,

"아니야. 장도영 참모총장하고 박정희 소장하고 절친해. 박정희 소장이 장도영 참모총장한테 잘 할 거야."라고 했다.

"아무리 친해도 소용없습니다. 이집트를 보십시오. 나셀 중령이 혁명을 하면서 당시 총장인 나기부 장군을 전면에 세웠는데 나중

에 숙청했어요. 장도영 장군은 5·16의 주체 세력이 아니잖아요. 제 말이 맞을 겁니다. 두고 보십시오."

5·16이 성공하자 장도영 장군은 군사혁명위원회 의장, 계엄사령관, 국가재건최고회의 의장, 내각수반, 국방부장관으로 추대되었다. 그러나 그해 6월에는 5·16 주체세력에 의해 해임되고 8월 22일 중장으로 예편되었는데, 이후 중앙정보부가 '반혁명' 혐의로 기소했다. 1963년 3월에 무기징역을 선고받았으나, 5월에 형 집행 면제로 풀려났다.

의리를 지키며

나는 육군 본부에 근무할 때 허은성 인사참모를 찾았다. 만약 살림이 어려우면 돈을 좀 드리고 싶었다.

수소문 끝에 거처하는 집을 찾은 나는 갈비 한 짝을 사들고 방문했다. 걱정했던 것과 달리 생활은 괜찮은 듯 보였다.

"어떻게 알고 나를 찾아왔소?"

처음에는 나를 알아보지도 못하는 눈치였다. 내가 자초지종을 말씀드렸더니, 그때서야 기억을 했다.

대대장은 이민가기 전까지 우리집과 내왕하였다. 그 분이 《전우신문》에 글을 한 편 썼는데, 군 생활을 하면서 가장 보람 있었던 일은 '홍 소위'를 만난 것이 보람이 있었다고 술회하였다.

홍성제 중령 귀하

대구에 다녀 가신지도 벌써 한 주가 지났습니다.

그 동안 댁내 두루 평안하시며 부인과 귀여운 어린이들도 홍 중령의 고운 마음씨 힘입어 건강하고 밝게 지낼 줄 압니다.

홍 중령이 떠나간 지 며칠간은 과연 요즘 흔하게 볼 수 없는 마음가짐의 소유자라고 감탄을 금할 길 없어, 과연 내가 무엇을 했기에, 긴 세월을 두고 소재를 탐문하고 끝까지 거소를 알아내어 서울에서 대구까지 가까운 길도 아닌데 찾아준 그 아름다운 마음씨에 놀랐습니다. 요즘 세상은 정이 메말랐다 하고 각박하다고들 합니다만 아직도 인정의 샘은 마르지 않고 솟고 있구나 함을 마음 흐뭇하게 생각하여 봅니다.

그날 밤 나는 젊고 발랄할 때를 생각했습니다. 그 시절이 주마등 같이 뇌리를 지나갑니다. 임진강변 넓은 훈련장에서 패기에 찬 청년 장교가 소대원을 앞에 놓고 열심히 교육하는 모습이 되살아났습니다.

책임을 묻는 절차를 면치 못하는 과정에서 군의 법은 냉혹하지만, 앞날이 창창한 청년 장교가 내 직권의 덕을 본 따름이었는데, 그 때 그 일을 잊어버리지 않고 16년이란 긴 시간이 지난 오늘 뜻하지 않게 반백의 인생의 황혼 길을 걷고 있는 옛 상관을 찾아주니 생의 보람을 새삼 느끼게 하고, 어떤 철인의 "인생은 젊은 시절의 추억에 산다."는 말을 되새겼어요. 과연 내 젊은 시절이 헛되이 보낸 것이 아니구나 자위케 합니다.

사람들은 흔히 은혜에 보답한다, 평생 잊지 않겠다고 곧잘 맹세하지만 그 맹세가 길게 가지 못함이 예사인데, 귀하는 마음 한 구석에 여태 풀지 못한 숙제를 가슴에 두고 풀려고 한 그 갸륵한 마음씨를 고맙게 여기며 또 과분하게 받았습니다.

슬하에 칠남매의 자식을 둔 아비로서 자식들에게 이를 본받으라고 교훈하며 가져다주신 귀한 고기를 뜻있게 잘 요리하여 먹였지요. 고마운 정을 느끼며 며칠을 흐뭇한 가운데 지냈습니다.

우리 집안에는 그후 하나님께 기도 올릴 때 홍 중령 댁에 하나님의 은총이 항상 같이 하게 해 달라고 기원하는 말이 더 불어났답니다.

상경하는 기회가 오면 전화하여 귀댁을 방문할 날을 기대합니다.

정숙하신 부인과 귀여운 어린이들에게 대신하여 안부 전하여 주시기 바라며 오늘은 이만 줄이겠습니다.

10. 25 대구 범어동 허은성

경리장교로 전과하다

1962년 2월 5일에 나는 경리병과로 전과 신청서를 제출했다. 그 소식을 알게 된 인사참모가 직접 우리 대대를 방문하여 나를 불렀다.

"전과 신청을 했다고 들었는데, 사실인가?"

"네."

"장래성 있다고 생각해서 내가 너를 유심히 지켜봤다. 그런데, 너 이놈, 개인의 안위를 위하여 경리병과로 전과를 해?"

인사참모는 화를 냈다. 그 자리에서 나는 1시간 남짓 꾸중을 들었다.

경리장교 부임

보병장교로 근무하던 나는 1962년 2월에 경리장교로 전과했다. 영천에서 실무 교육을 받고 3군단 경리부로 부임하였다. 1년 후 차량 재생창 경리과장으로 자리를 옮겼다.

유비무환의 교훈

감사원에서 감사를 나온다는 연락이 왔다. 부산에 수십 개 부대가 있는데 설마 우리 부대에 검열을 오랴 싶어서 아무 준비도 하지 않았다. 그런데 감사원 요원이 나타나는 것이 아닌가. 그는 금고를 봉하였다. 금고에는 부대원들에게 봉급을 지급한 뒤여서 잡다한 서류들이 많았다. 그러다보니 금고 시재가 맞지 않기 마련이었다. 그런데 금고를 봉한 것이다. 그대로 두면 감사에 지적사항이 될 것이었다.

감사요원이 퇴근한 뒤 내가 병사들에게 지시했다.

"금고 열어."

감사요원이 봉한 금고를 열고 시재를 맞춰놓고 기다렸더니, 감사요원이 다음날 다시 왔다.

"내가 봉한 금고를 왜 떼었어?"

감사요원은 깜짝 놀라면서 물었다.

"처리할 일이 많은데 금고를 봉해버리면 어떡합니까?"

육군 중위인 내가 되물으니, 감사원 요원은 어이가 없다는 표정을 지었나. 그런 일을 겪으면서 나는 항상 대비를 해야 된다는 교훈을 얻었다. 감사가 있다는 소식이 들리면 미리 준비를 해야 하는 것이었다.

솔직함으로 사태 해결

1963년에 각 부대마다 영농자금이 배정되어 영내에서 영농사업을 할 때였다.

각 부대에 영농자금이 배정되고, 우리 부대에도 돼지를 키우라고 예산이 나왔다. 경리과장으로서 예산을 받은 나는 시장에 가서 돼지를 사왔다. 그런데 부대에 도착한 돼지들이 이틀 만에 다 죽는 것이 아닌가. 국고 33만 원을 그렇게 단숨에 탕진하였다. 콜레라에 걸린 돼지인 줄도 모르고 사왔다가 그런 봉변을 당했던 것이다.

나는 죽은 돼지를 잡아서 그 고기라도 팔아 국고를 보충해야 한다고 생각했다. 병사들을 불러 부대 목욕탕에서 죽은 돼지를 잡으라고 지시했다. 그런데 하필이면 그날 사령부에서 목욕탕 위생검열을 나왔다. 돼지고기를 팔아서 단돈 몇 푼이라고 건지자고 시작한 일이었는데, 검열관이 목욕탕을 들어가더니 곧바로 뛰어나왔다. 돼지를 서너 마리 놓고 잡고 있던 목욕탕은 온통 피 범벅이 되어 있었던 것이다.

검열관은 설명을 들으려고도 하지 않았다. 다른 곳을 더 보려고도 하지 않고 곧바로 떠나고 말았다.

사령부에서 나와 본부 대장을 징계위원회에 회부했다. 사령부 참모장이 징계위원회 위원장이었다. 참모장이 나에게 물었다.

"경리과장은 돼지를 사서 군수참모한테 납품만 하면 그만인데 왜 돼지를 잡으라고 지시하였는가?"

"돼지를 사온지 한 달이나 두 달 뒤에 죽었으면 저에게 책임이 없습니다. 그러나 돼지를 사가지고 이삼일 만에 죽었기 때문에 저에게 책임이 있습니다. 여기 있는 본부 대장도 군수참모도 아무 책임이 없습니다. 이번 일의 책임은 저에게 있습니다."

나는 분명하게 대답했다. 내 대답이 끝나기 무섭게 본부 대장이 한 마디 했다.

"저는 로봇입니다."

가만히 있으면 좋았을 텐데 처벌 안 받으려고 그런 식으로 변명을 한 것이다. 두 사람의 말을 듣고 참모장이 한 마디 하였다.

"너는 육군 중사만도 못한 놈이야."

징계위원회에서 그렇게 조사를 받고 재생창에 귀대하여 창장에게 보고를 했다. 보고를 받은 창장은 사령부에 전화를 걸었다.

"홍 중위는 책임감 있는 장교니까 봐주고, 본부 대장은 전출을 보내주시오."

어려운 고비마다 나는 솔직하게 나의 의견을 밝혔다. 사람들은 솔직한 나를 신뢰해 주었다.

뜻밖의 대위 진급

1964년에 꿈을 꾸었다. 중위 3년차이던 내가 대위 계급장을 달고, 대위 계급장이 하나 남아서 오세종 중위에게 주었다. 이튿날 아침에 오세종 중위가 나를 찾아왔다.

"홍 중위, 너 대위로 진급됐다."

"거짓말 하지 마. 나는 이제 중위 3년차인데, 어떻게 진급을 해? 자네는 어떻게 되었어?"

"나도 진급했다."

오세종 중위는 중위 4년차였다. 당시에 중위 5~6년차도 대위로 진급하기 어렵던 시절이었다. 그런 만큼 나는 기대하지 않던 일이었다.

간밤에 대위 계급장을 붙이는 꿈을 꾸고 깨어나서 현실에서 진급을 하고보니 어리둥절하기도 했다. 꿈이 신기했다.

보국훈장 3·1장, 보국훈장 천수장

중앙경리단 근무 당시 수천만 원이 잡입금에 대한 처리 규정이 없어 방치되고 있었다. 나는 그에 대한 처리 규정을 새로 만들어서 그 돈을 전액 국고에 환수하였다. 그리고 파월장병 급여 지급절차를 간소화시켰다. 그 공로로 나는, 경리 병과의 1,300여 명 장교 중에 한 사람에게 배당된 '보국훈장 3·1장'을 수여받았다. 또한 장군으로 승진하고 국방개혁의 공로로 보국훈장 천수장을 수여받았다.

겉만 보고 사람 판단하면 안 된다

나의 주요 업무는 파월 장병들에게 봉급을 주는 일이었다. 나에게 와서 봉급을 받아가는 군인들 중에 전사자들도 늘었다.

전사자 부모들은 아들 몫으로 우체국 저축이 얼마인지도 몰랐다.

그런 상황에서는 꼭 문제 되겠다 싶었다. 그래서 나는 전사자들의 월급과 저축 내용을 전사자의 집으로 보내주며 그때마다 영수증을 챙겨두었다. 내가 그렇게 업무를 처리한지 3년이 지난 어느 날 감사원에서 월남 전쟁의 전사자에 대한 우편 저축과 급여를 조사하였다. 내가 처리한 월급에서는 단 한 건의 문제도 없었다.

월남에서 근무 중인 육군 중사의 어머니와 누나가 직접 찾아왔다. 어머니는 차림이 아주 남루했다. 누나는 보성여자고등학교 교사라고 했다. 아들의 봉급을 어머니께 주면서 누나에게

"은행에 가면 이서 같은 것을 직접 해야 되니까 누님이 어머니와 같이 가십시오."라고 내가 말했다. 내 말을 듣던 누나가 대꾸했다.

"우리 어머니도 대학 나왔어요."

그 순간 나는 얼굴이 붉어졌다. 사람은 겉만 보고 사람 판단하면 안 된다고 마음에 다짐을 했다.

군 경리감실 행정실장

1970년 3월에 소령이 되어 군 경리감실 행정실장으로 부임했다.

경리감은 한국섭 장군이었다. 그는 육군사관학교 8기로 육군대학에서 수석을 한 명철한 장군이셨다.

경리감 운전병이 교통사고가 났다고 연락을 해서 현장에 갔다. 청와대 비서관의 지프차가 경리감의 차를 받은 것이었다. 당시는 차량 보험이 잘 안 되던 때였다. 나는 운전병을 데리고 사고를 낸

차량 소유자의 집을 방문했다. 우선 차량을 원상 복구해 달라고 요구하고 나왔다.

얼마 뒤 경리감이 불러서 갔더니

"청와대에서 요원들이 온다는데 어떻게 대처할 것인가?"

라고 물었다. 나는 "그 사람들이 오면 저를 부르십시오."라고 했다.

보안사에서 청와대에 파견한 김병두 중령과 508(육군보안부대)부대 보좌관 중령이 왔다. 그들은 경리감에게,

"봐 달라."고 청탁을 했다. 그래서 나는,

"아니, 경리감 님의 차는 현대자동차의 차량이기 때문에 현대자동차에 가서 봐달라고 부탁을 해야지 여기 와서 부탁하면 어떡합니까?"라고 받아쳤다.

그들은 더 이상 부탁하지 못했다. 그때 508부대 중령이,

"홍 소령, 조심해."라고 겁을 주고 돌아갔다. 그 후 현대차에서 무상으로 경리감 차를 수리할 수 있었다.

경리감실에서 2년간 근무한 뒤 제1야전군 본부사령실 경리과장으로 부임하였다.

제1야전군 본부사령실 경리과장

1972년부터 제1야전군 본사 경리과장으로 근무할 때였다. 1군 야전군 예산과장 진창우 대령이 나에게,

"홍 소령, 급식비 3,000만 원을 야전군 6개 사단에서 착복했다. 1

군 경리참모 김동규 대령이 이 문제를 곧 수사기관에 의뢰하려고 한다."라고 귀띔했다.

당시 3,000만 원은 요즘 돈으로 3억이 넘는 액수다.

나는 군 경리참모를 찾아갔다.

"참모님, 장군 진급을 포기하시는 겁니까?"

"무슨 말이야?"

"야전군에서 사고가 나면 참모님께도 책임을 물을 텐데, 이번 일을 수사기관에 의뢰하면 어떻게 되겠습니까?"

"그럼, 어떻게 해야 되나?"

"이번 일은 저에게 일임해 주십시오. 제가 처리하겠습니다."

나는 경리참모에게 사건 처리를 위임받고, 곧바로 6개 사단의 경리참모를 한 사람씩 불렀다.

"500만 원 가져오십시오."

나는 소령이고 사단 경리참모는 중령이었지만, 그들은 나를 은인이라고 생각했다. 곧 3,000만 원을 본사에서 회수하여 예산은 반납하고, 현금으로 급식비를 지급하는 것으로 사건을 처리하였다.

공무와 개인

전역한 경리장교가 일부러 나를 찾아왔다.

그는 부대에 통신기기를 납품하고 싶다면서 청탁을 했다. 별문제가 없을 것 같아서 그에게 계약을 했다. 그러자 상대 업자가 특정 납품 업무를 봐줬다는 고발을 받고 CID가 나를 조사하였다.

그 길로 꼬박 이틀 동안 조사를 받았다. 조사를 받을 때 수사관들과 나는 '아니다'느니 '맞다'느니 하고 조사를 하였다. 그것은 순전히 기 싸움이었다.

공무를 집행하면서 어떤 이유에서든지 개인적으로 봐 주면 반드시 문제가 생긴다는 판단이 섰다. 그때 그걸 절실히 느꼈다. 이틀 동안 조사를 받은 뒤 담당 수사관이 나를 두고 한 마디 했다.

"수사관 생활 20년 만에 저런 악질은 처음 봤다."

"독한 놈, 잠 한 번 안 자도 끄떡없네. 이런 악질은 처음 봤다."

라고도 했다.

원칙의 힘

1974년에 중령으로 진급하였다.

그때 21사단 경리참모로 재직할 때 전기공사 대금으로 3000만 원이 배정되었다. 당시 사단장이 미는 업체, 군사령관이 미는 업체, 그리고 보안사령관 김재규 장군의 동생 김항규 사장의 3파전이었다.

나는 계약 보증금을 보험이 아닌 현금으로 납부할 것을 신문에 공고하였다. 마침 입찰 당일에 신문 공고를 못 보고 관행대로 보험을 가져온 김항규 사장이 탈락했다. 사단 보안 부대장이 나를 불러 자신이 사단장에게 보고해서 김항규 사장을 입찰에 참가토록 사단장이 지시하면 되겠는가, 라고 반문했다. 나는 사단장 아니라 대통령의 명령이라도 내가 육군 중령으로 있는 한 안 된다고 거절했다.

그리고 김항규 사장을 탈락시키고, 원칙대로 입찰하여 처리했다. 원칙의 힘은 아무도 감당할 수 없다.

육군참모총장실 경리과장으로 부임

하루는 서울에서 전화가 왔다.

"육군참모총장실 경리과장이 본부 사령실로 가게 되었는데, 총장실에는 윤기석 중령이 내정되었다."

그 연락을 받고 나는 고계적 부사단장을 만나러 갔다. 부사단장과 육군참모총장실 비서실장이 평소에 잘 아는 사이라고 알고 있던 나는 부사단장에게 소개장을 부탁했다.

"뭐라고 쓰냐?"

"홍성제 인간성 좋다고만 쓰십시오."

내가 부탁한 그대로 부사단장이 소개장을 써주었다. 소개장을 받은 나는 경리감 이운하 장군을 찾아갔다.

"경리감님, 저는 육군참모총장실에 가고 싶습니다."

내가 말씀을 드렸다.

"내가 보니 아무래도 주요 보직은 서울에 있어야 되겠더라. 그런데 이번에는 육군참모총장실 경리 담당관으로 윤기석 중령이 가기로 됐다."

경리감이 말했다.

"제가 총장 비서실장을 만나도 되겠습니까?"

"만나고 싶으면 만나라."

총장 비서실장 김한용 장군은 내가 얼굴도 모르는 사람이었다. 편지 한 장만 들고 방문했다. 직접 만나서 편지를 전했다. 편지의 내용은 아무 것도 아니었다. '홍성제, 인간성 좋다'라고만 적혀 있는 그 편지를 보더니 "어떻게 해서 날 찾아왔어?" 라고 물었다.

"이번에 육군참모총장실의 경리과장이 바뀌지 않습니까?"

나는 솔직하게 나의 속내를 털어놓았다.

"제가 실장님을 모시면서 경리과장으로 일하고 싶습니다."

그는 나의 말에는 무덤덤하였다.

"사단에 가기 전에 전임자 윤욱제 중령을 만나라."

그 사람도 내가 모르는 사람이었다. 그 길로 윤 중령을 만나서 비서실장이 만나보라고 했다고 전했다.

나중에 들어보니, 전임자 윤욱제 중령은 후임자를 추천하면서 1번은 윤기석 중령을 쓰고, 2번은 나를 썼다고 했다. 그가 나의 신상카드를 들고 가서 비서실장에게 보고하였다.

"두고 가."

비서실장이 윤욱제 중령에게 말했다.

다음날 결재가 떨어졌다.

"1번 윤 중령 보다 2번 홍 중령이 낫다고 하더군."

그렇게 해서 나는 육군참모총장실의 경리과장으로 부임하게 되었다.

도깨비 방망이

21사단에서 꿈을 꾸는데 도깨비가 방망이를 들고 나를 기다리고 있었다. 나는 택시 기사에게 전속력으로 지나가라고 하였는데, 도깨비는 방망이로 차 엔진 부분을 내려쳤다.

다음날 꿈이 이상해서 조심하였는데, 3일 뒤 총장실로 부임할 때, 운전병이 졸다가 트럭을 받았다. 그 교통사고로 나는 눈에서 피가 흘렀다. 마침 지나가던 한전 차량이 나를 창동 병원으로 옮겨주었다. 그 병원에서 4바늘 꿰매며 응급처치를 한 뒤 서울에 와서 6바늘을 더 꿰맸다. 눈썹 부분이 찢어졌는데, 그 상처가 지금도 남아있다. 당시 나는 한쪽 눈을 가리고 부임해야 했다.

실명되지 않은 게 천만 다행이다. 우리가 탔던 지프차는 엔진 부분이 망가졌다.

솔직하면 통하는 대화

이세호 총장이 한 번은 공관 만찬 후에 나를 불렀다. 총장 내실에서 이세호 총장과 내가 단 둘이 있게 되었다. 그 자리에서 비로소,

"제가 소위 때 GOP 소대장을 지내면서 평생 처음 이세호 사단장 표창을 탔습니다."라고 보고하면서 그 때 이야기를 꺼냈다. 그날 나와 참모총장의 대화는 40여 분이나 경과했다. 그렇게 참모총장을 뵙고 나오자 수행부관 김무일 소령이 깜짝 놀란 표정으로 한 마디 했다.

"이제까지 총장 공관에서 총장님과 40분 동안 얘기한 사람은 아

무도 없습니다."

나는 누구를 만나든지 가식이 없었다. 솔직하게 말을 하다보면 대화가 술술 잘 풀렸다.

송요찬 장군

내가 육군 참모총장실에 근무할 때였다. 명절이 되어 나는 참모총장이 준비한 선물을 전달하려고 송요찬 장군을 방문했다.

"각하, 건강은 어떻습니까?"

"하루하루가 약해진다."

당시 송요찬 장군은 박정희 대통령이 후원을 하여 투석을 받고 있었다.

"각하, 죽음이 뭐가 두렵습니까?"

"무슨 말이냐?"

"저희 아버님은 일본에서 장님이 점을 봐주었는데 49살에 죽는다고 했습니다. 49살을 넘기면 61살에 죽는다고 했어요. 61살이 되셨을 때 마음의 준비를 하고 운명하셨어요. 그런데 각하는 육군참모총장 · 국방장관 · 대통령 권한대행까지 다 하셨습니다. 이제 다 놔버리십시오."

송요찬 장군은 나의 손을 잡아주었다.

"고맙다."

그때 나는 38살이었다.

헌병 CID의 헛수고

한일합섬에서 군견 구입비용으로 3,000만원을 육군에 기탁하였다.

그 돈으로 군견 한 마리당 10만 원씩 책정하여 구매하기로 하였다. 그런데 나는 모든 군견에 똑같은 가격을 책정할 수 없다고 판단하여 8, 9, 10, 11, 12만 원으로 군견의 등급을 정하고, 각 군에서 직접 등급별로 구매하도록 하고, 등급 판정은 육군 작전참모부에서 하고, 나는 그에 따라 돈을 지급하기로 계약을 하였다.

당시 군견협회와 수의계약을 했는데, 상대 업자들이 청원을 했다. 감사원 보안사, 헌병대에 투서를 하자 각각 조사를 나왔다.

보안사는 사실 확인을 하고 이상이 없다고 처리를 했는데, 헌병 CID에서는 전국을 누비면서 나에 대해 뒷조사를 했다.

그러나 아무런 소득이 없자 수사관이 나를 찾아와서 전국을 조사하느라고 여비가 많이 들었다고 하면서 좀 보태달라고 하였다. 나는

"나를 수사하기 위해 그렇게 고생한 것을 알지만 그런 돈이 어디 있겠느냐."라고 하며 거절했다.

대령 진급 심사를 앞두고

1978년에 나는 대령으로 진급했다.

대령 진급 심사를 앞두고 나는 꿈을 꾸었다. 내가 제주도에 농장이 있는데, 낯선 사람들이 우리 농장에 들어와서 막무가내로 집을 짓기 시작했다.

"나가라!"

내가 소리를 쳐도 소용이 없었다. 아무도 나가지 않고 집을 계속 지었다. 그 꿈을 꾸고 의기소침해진 나는 참모들 모임에서 꿈 이야기를 했다.

"저는 이번에 진급이 안 될 것 같습니다."

본부 대대장이 물었다.

"왜 그래?"

"저희 고향 땅에 낯선 사람들이 집을 지어버렸어요."

꿈 이야기를 듣던 대대장이 해몽을 해주었다.

"그거 진급 될 꿈이다."

"무슨 말씀이세요?"

"진급은 내가 하려고 해서 되는 게 아니야. 남이 시켜줘야 되는 거라고."

해몽이 중요했다. 그 꿈을 꾸고 곧 나는 대령으로 진급했다.

"꿋꿋해서 살았다"

내가 대령 진급심사를 받을 때였다. 한 번은 육군참모총장실의 수석부관이 나를 찾아왔다. 그는 나에게,

"진급 처장을 내가 잘 아는데……. 돈이 좀 있어야 된다." 라고 운을 뗐다.

수석부관이 육군참모총장에게 신임을 받고 있다고 알고 있었지

만, 나는 그 자리에서 단호하게 대답했다.

"수석부관님, 저는 돈을 주면서 대령 진급을 안 합니다."

유혹을 거절했던 것이다.

그런 일이 있고 얼마 뒤에 육군참모총장실의 비서실장 김한용 장군이 수석부관에게 말했다.

"홍 중령을 진급 시켜야지?"

배정도 장군도 청와대에서 나의 진급을 부탁하였다.

"홍 중령 좀 진급 시켜야 하지 않나?"

그때마다 수석부관이 나의 진급을 막고 나섰다.

"그 친구는 안 됩니다."

수석부관의 그 같은 발언에도 불구하고 나는 대령으로 진급했는데, 내가 진급한 직후에 수석부관은 진급비리 사건으로 구속되고 말았다. 그때 진급 비리 사건이 터지면서 장군부터 소령이나 중령까지 30~40여 명이 군복을 벗어야 했다. 수석부관에게 돈을 준 사람은 모두 옷을 벗은 셈이었다.

대령 진급을 앞두고 내가 만약 수석부관에게 돈을 주었더라면 나 또한 그때 군복을 벗어야 했을 것이다.

청와대 있던 배정도 장군이 나중에 구본중 장군에게,

"홍성제 대령은 꿋꿋해서 살았다."라고 평가한 말을 들었다.

감옥에서 풀어주다

대령 진급을 하고 얼마 안 되던 하루는 수석부관이 식사나 한 번 같이 하자고 연락이 왔다. 식사 시간에 맞춰 약속 장소에 나갔더니 혼자 온 것이 아니었다. 육본의 진급 과장과 보안부대의 진급 담당 준위까지 나와서 세 사람이 식당에 앉아 나를 기다리고 있었다.

자리에 가서 앉았더니 보안부대 진급담당 준위가 먼저 말을 꺼냈다.

"에이, 수석부관님, 왜 이 사람 진급 시켰습니까?"

자기네가 나의 진급에 관여했다는 사실을 내 앞에서 과시하러 온 눈치였다. 나는,

"어이, 임 준위. 육군 대령이 대령 진급을 어떻게 시키나? 나는 참모총장이 시켜서 진급이 된 사람이야."라고 딱 한 마디로 기선을 제압했다. 그때부터 분위기가 냉랭해졌다.

그날 식사를 마치고 진급 과장이 나의 차에 탔다.

"홍 대령, 내가 수석부관과 20년이나 같이 근무했지만, 수석부관에게 감히 홍 대령처럼 그렇게 말하지 못했다."

진급 비리 사건이 터지자 수석부관은 감옥에 갇혔다. 내가 감옥에 면회를 갔더니, 나를 보더니 눈물을 흘리면서,

"내가 홍 대령 말만 들었으면 이 지경은 안 됐다."라고 했다.

평소에 내가 충고를 했지만, 그는 도무지 듣지 않았다. 나는, 돈이라는 것은 자기가 많이 모으려고 모아지는 것이 아니라고 그에게 말하곤 했었다. 가만히 있어도 때가 되면 돈은 모아지지만, 때가 안

되면 아무리 노력해도 돈은 모아지는 것 아니라고 말하곤 했다. 그런 방법의 화법을 써가며 우회적으로 충고를 했는데 끝까지 내 말에 귀 기울이지 않더니 결국은 감옥에 갇힌 뒤에야 눈물을 흘리고 있었다. 그는 10년 형을 받았다. 내가 장군으로 진급할 때까지도 그는 갇혀 있었다.

나중에 그는 병이 들어서 육군통합병원에 입원했다. 그런 그를 헌병 2명이 지키고 있었다. 나는 헌병감을 만나서,

"아니, 헌병감님, 진급 비리 사건으로 잡힌 사람들 다 내보내고 한 사람만 왜 남기셨어요? 그 환자 한 사람 때문에 헌병들만 고생시키지 마시고 석방하시지요."라고 부탁했다.

내 말을 듣고 헌병감 성환옥 장군은 정호용 참모총장에게 보고해서 그를 직권으로 석방시켰다.

그러나 나는 수석부관에게 석방경위를 말하지 않았다.

나무 한 그루

1979년 9월에 나는 국방대학원에 입교했다. 하루는 학교에서 귀가했더니 아내가 20만원이 든 봉투를 내밀었다.

"이게 무슨 돈이요?"

"모 소령이 다녀가면서 돈을 두고 갔어요."

나는 모 소령을 집으로 불렀다. 그는 충실한 나의 부하였다.

"이게 무슨 돈이냐? 나한테 왜 돈을 가져온 거야?"

내가 물었다.

"이번에 제가 진급을 해야 하는데, 진급 과장하고 친하지 않습니까. 진급 과장과 식사라도 한 번 해주십시오."

"그렇지 않아. 내가 진급 과장과 식사를 하는 그럴 처지 아니야. 돈은 가져가."

그 자리에서 나는 돈을 돌려줬다.

"진급 과장이 최근에 이사했어. 이사한 집에 나무나 하나 심어주지."

그날 내가 한 말을 듣고 그는 진급 과장의 집에 나무를 심어주었다. 그런데 진급 과장은 조사를 받는 과정에서 나무를 심어줬다고 진술했다. 그 바람에 그는 조사를 받고 〈전역지원서〉를 쓰고 나왔다.

그 사실을 나에게 전화로 알려왔다. 나는 인사참모부장 천주원 장군을 직접 방문했다. 그리고 사실대로 얘기했다.

"그가 돈 20만 원을 가져왔기에 돌려줬습니다. 그리고 나무나 한 그루 심어 주라고 제가 권했어요. 제 말을 듣고 나무 한 그루 심어준 모양인데, 이번에 진급 비리를 조사하는 과정에서 그게 드러나서 〈전역지원서〉를 쓰고 왔다고 합니다. 나무 한 그루 심었다고 옷을 벗기면 남아날 사람이 누가 있습니까?"

나는 속에 담은 말을 보태지도 덜어내지도 않고 말씀을 드렸다. 인사참모 부장은 바로 그 자리에서 헌병감한테 전화를 걸어서 선처를 해 주었다. 그는 군대생활을 큰 사고 없이 마칠 수 있었다.

<국방 관리 회계 제도>로 최고 논문상 수상

국방대학원은 토요일에 특별한 친교 활동은 없고, 골프 연습을 시켰다. 골프를 칠 줄 모르는 사람도 골프 연습을 해야 했다. 나는 새벽 5시에 일어나서 집에서 가까운 골프 연습장에 들러 연습을 미리 한 뒤에 9시까지 국방대학원에 출근했다.

아침에 국방대학원에 도착하면 하루 수업이 7교시였다. 오후 17시에 수업을 마치고 동국대학교 대학원으로 향했다. 동국대학교 석사과정을 입학했던 것이다. 17시에 국방대학원 앞에서 버스를 타고 동국대학교에 도착하여 밤 10시 30분까지 강의를 들었다. 그렇게 강행을 하고 밤에 귀가하면 11시가 훌쩍 넘어 있었다. 그런 생활을 1년 남짓 계속하였다. 그때가 내 생애에서 공부를 가장 많이 한 시기였다.

동국대학교는 석사과정 2년 6개월 동안 공부했는데, 그때 군 은행 설치에 대한 연구를 발표하여 1980년에 석사학위를 받았다. 국방대학원 졸업할 때는 그 연구를 발표하여 정책에 반영되었는데, 전방의 모든 부대 영내에 군 은행을 설치할 수 있게 하였다. 그리하여 1군에 주택은행을 설치하고, 3군에 국민은행을 설치했다.

1985년에는 서울대학교 행정대학원 발전정책과정을 수료하였는데, 그때 최고 논문상을 받은 나의 논문 〈국방 관리 회계 제도〉는 《국제 논총》에 게재되었다. 1986년에는 연세대학교 최고경영자 과정을 이수하였다.

선배 기수와 경합

국방대학원을 졸업하고 나는 보직 문제를 천주원 장군께 의논했다. 당시 천주원 장군은 3성 장군으로 국방대학원의 원장으로 있었다.

천주원 장군은 육군사관학교 9기생에서 1등을 차지한 수재일 뿐만 아니라 청렴하고 강직했다. 12·12 사태 이후 3성 장군이 되어 국방대학원에서 원장으로 근무하고 있었다.

"장군님, 윤성민 대장께 저를 추천해 주십시오."

천주원 국방대학원장은 육군본부 윤성민 대장에게 나를 추천하여 주었다. 천주원 장군과 윤성민 장군의 인연은 각별했다. 12·12 때 정승화 장군이 체포되자, 윤성민 장군이 참모차장으로서 육군본부를 책임지고 있었다.

"이 일을 어떻게 할까?"

육군본부가 마비된 상황에서 윤성민 장군은 신군부 세력과 맞서 일전을 불사한다는 각오까지 하고 있었다. 일촉즉발의 순간이었다. 바로 그 같은 상황에서 천주원 장군은 윤성민 장군에게 자신의 의견을 피력했다.

"지금 무력 충돌을 하면 안 됩니다."

신군부와 무력 대치를 결심하던 윤성민 장군은, 국군끼리 싸워서는 안 된다는 천주원 장군의 의견을 수렴했다. 하마터면 전쟁이 터질 수도 있었던 상황에서 슬기롭게 대응했던 것이다.

윤성민 장군과 천주원 장군은 동기 사이였다. 천주원 장군이 육군참모총장실 비서실장으로 근무할 때부터 나를 좋게 봐 주었다.

그분은 내가 제주도에 간다고 하면 제주도 가는 비행기 표를 행정 과장에게 조치해 주라고 할 정도였다. 그 분은 나를 신임했다.

국방대학원 졸업하면서 1군 사령부 경리부장으로 가려는데 뜻밖에도 경리감 이원장 장군이 나를 막아섰다.

"홍 대령은 아직 안 돼."

"무슨 말씀이세요?"

"서열이 아직 안 되잖아."

"저는 1978년에 대령으로 진급했습니다. 서열로 따지면 굳이 안 될 것도 없습니다."

"……."

경리감은 1군 사령부의 인사참모에게 연락했다.

"홍 대령은 보낼 수 없습니다."

당시 1군 사령부의 인사참모는 이명구 장군이었다.

"당신 돌았어? 군 사령관이 자기 참모로 요청한 인사를 안 된다고 해?"

인사참모가 경리감을 타박했다. 그리하여 나는 서열과 상관없이 야전군 경리참모로 부임할 수 있었다.

그때 경리감은 내가 아닌 모 대령(육사 15기)을 부임시키려고 했다. 모 대령은 나중에 전두환 장군이 안기부장을 할 때 안기부 과장을 하고 청와대 총무수석도 역임했다. 경리감은 그를 1군 경리참모로 보내려고 했는데, 내가 부임하게 된 것이었다. 나는 항상 선배 기수와 경합을 했다.

고아원과 맺은 인연

제1군 경리참모로 부임하였는데, 원주 고아원과 자매 결연을 맺고 매월 9,000원씩 송금하게 되었다.

나는 행정실에서 내가 누구와 자매결연을 하는지 확인하라고 지시했다. 고아원 부원장은 문효숙양(17살)을 데리고 왔다.

나는 문효숙양에게,

"공부 열심히 해라. 졸업하면 내가 취직시켜 주마."라고 약속했다.

문효숙양이 고등학교를 졸업했을 때 나를 찾아왔다. 나는 군 전산실에 취업시켰다. 사실 고아원에서는 18살까지만 머물 수 있고, 18살 이후에는 대책이 없었다. 이는 국가에서 다시 정책적으로 배려하여야 한다.

그 후 결혼을 하고 강릉에 신접살림을 차리고 나에게 편지도 하고 직접 짠 스웨터를 보내주곤 하였다. 내가 정치에 입문하여 지구당 위원장 활동을 하느라고 바쁘면서 소식이 끊겼다.

한 번 찾아봐야 하겠다.

야전군 경리참모로 부임하고 전방 순시 중 동해안에서 원주로 이동 중에 월정사라는 간판이 보였다. 월정사를 지나 상원사에 가는 도중 고갯길에서 노스님 한분이 힘겹게 동산을 오르고 있었다. 나는 차에서 내려 스님을 부축하여 상원사 경내에 들어갔다.

부처님께 배례를 하고 스님께 인사를 올린 뒤에 나는 당돌하게 '스님 제가 장군이 될것인가 관상 한 번 봐주십시오.' 하고 부탁을 했다. 그 스님은 '관상은 볼 것 없이 내가 된다 하면 되는 거야'하고 말씀하셨다. 나는 그 힘이 곧 긍정의 힘이었다. 내가 된다하면 되려고 노력하게 되었다. 스님은 나에게 '군에 노태우라는 사람이 있나?' 하셨다. '예, 지금 육군 수도방위사령관으로 있습니다.' 하니 '그가 어릴 때 팔공산 우리 절에 어머님과 같이 다녔다.' 하고 말씀하셨다.

그 스님은 나에게 된다는 신념을 주셨다.

장군으로 진급하다

나의 장군 진급을 앞 두고 있던, 1984년 어느 날 아침에 일어나보니 집에서 아내가 안 보였다. 휴대폰으로 전화했더니 "절에서 부처님께 기도드리고 있다." 고 했다. 나는 아내가 있는 절을 찾아갔다. 한 차례 기도를 드린 아내가 법당에서 스님과 앉아 있었다.

"여보, 절에서 기도한다고 내가 장군이 되겠소?"

"무슨 말씀을 그렇게 하세요? 당신의 그 말 한 마디에 제가 이제까지 드린 기도가 다 무효가 되면 어쩌려고요."

"진급은, 예수님이나 부처님이 도와주신다고 되는 것도 아니에요."

그 자리에서 나는 딱 잘라 말했다.

나는 결혼 전 대위 때부터 절에 다니기 시작했다. 어머니가 절에 열심히 다녔기 때문에, 어머니를 생각해서 나도 절에 다니며 불교

▲ 진급 기념 사진

를 믿게 되었으나, 어머니와 다르게 나는 열심히 신앙생활을 하지는 못했다. 살면서 종교 하나는 가지는 게 좋다고 생각했다. 불교를 믿는다고 하면 여기저기서 유혹이 없는 것도 좋았다. 기독교 믿는 사람들이 나더러 교회에 다니자고 전도하다가도 내가 불교 믿는다고 대답하면 더 이상 권면하지 않았다.

▲ 장성 진급 신고

장군 진급을 할 때도 그렇고 국회의원 선거 때도 나는 종교에 크게 기대하지 않았다. 만약 내가 천주교 신자거나 기독교 신자였으면 일말의 기대라도 했을지 모르겠다. 제주도에서는 천주교 신자들이 잘 뭉치고 기독교 신자들 역시 잘 뭉쳤기 때문이다. 그러나 불교 신자들은 잘 뭉치지 못했다. 그런 의미에서 나는 불교를 신앙한 이유로 손해를 보았다고 할 수 있다. 불교 신자들은 오라는 데도 없고 가라는 데도 없었다.

나의 정신적 스승 탄허

탄허 스님

신앙생활을 하며 잊을 수 없는 사람은 탄허 스님이다. 나는 탄허 스님에게 가르침을 많이 받았다. 탄허 스님은,

"대한민국에 홍 대령 같은 인물이 100명만 있으면 통일이 될 것이다."라고 하며, 나에게 '돈오(頓悟)'라는 호를 지어주고, 28자의 시도 써 주었는데, 그 시를 매일 20번 이상 외우라고 일러주었다. 나는 그 때부터 지금까지 그 시를 외우며 운동을 하고 있다.

탄허(呑虛, 1913년~1983년) 스님은 전북 김제에서 태어나 출가한 뒤 49년간 승려로 살았다. 생전에 불교뿐 아니라 유교, 도교 등 동양사상 전반에 걸쳐 해박한 지식의 소유자이던 탄허 스님은 특히 화엄경과 주역을 깊이 연구했다.

▲ 佛是衆生心意佛 (부처는 원래 중생의 마음 속에 있고)
隋自根坩無儀物 (나의 근원은 아무 것도 없다)
慾之一切提佛源 (모든 부처의 근원은)
悟自無明本是佛 (내 마음이 부처이다)

정치인을 비롯한 유명 인사들이 끊임없이 탄허 스님을 찾아와 가르침을 청했는데, 당대 최고의 석학 함석헌 선생이 동양 사상에 대한 의문점을 해소하려고 아침 일찍부터 안암동의 대원암에 자주 방문하고, 양주동 박사는《장자》에 관한 가르침을 청하러 월정사에 며칠씩 머무르곤 했다. 학계뿐만 아니라 정치권에도 널리 알려져 전직 대통령들이 탄허 스님에게 정치적 자문을 구했다. 불교계 큰 어른이던 성철 스님은 월정사 대웅전 상량식 직후 탄허 스님의 처소인 '방산굴'에서 보름 동안 함께 머무르며 탄허 스님이 학인을 가르치는 모습을 지켜보기도 했다.

초대형 쓰나미

지난 2011년 3월, 대지진과 초대형 쓰나미가 일본 도호쿠 해안지역을 초토화시켰다. TV에서 해안 도시로 쓰나미가 덮쳐오는 모습을 목격하며 나는 충격을 받았다.

한 순간의 파도가 도시를 송두리째 삼키고 있었다. 지구가 더 이상 안전하지 못하다는 사실을 실감할 수 있었다. 인류의 종말을 목격하는 듯도 했다. 일본의 재앙을 연일 보도하는 TV 앞에서 나는 탄허 스님을 떠올렸다. 일찍이 탄허 스님은『부처님이 계신다면』(교림출판, 1980년)이라는 저서에서 "일본 영토의 3분의 2 가량이 바다로 침몰"한다고 예언했다.

이 밖에도 탄허 스님은 여러 근거를 들어 한반도와 국제정세를 예측한다. 이때 우리나라의 장래는 매우 밝다고 말한다. 과거에 우리 민족은 수많은 외국의 침략과 압제 속에서 살아 왔으며, 역사적으로 빈곤과 역경 속에 살아 왔다.

그러나 오래지 않아 우리나라에는 위대한 인물들이 나와서 분단된 조국을 통일하고, 평화로운 국가를 건설할 것이며, 모든 국내 문제를 해결하고 우리나라의 국위를 선양할 것이라고 말이다. 우리의 새로운 문화는 다른 모든 국가의 귀감이 될 것이며, 전 세계로 전파될 것임을 예견했다.

탄허 스님은, 우리나라는 역학에서 '간방'(艮方)이라고 했다. 역에서 '간'은 사람의 소남(小男)이고, 나무의 열매인데, 소남은 아버지의 열매이고, 열매는 시종(始終)을 가지고 있다는 것이다. 간방의 지금 이 시점은 결실시대이고, 결실이 되려면 꽃잎이 져야 한다. 꽃잎이 지려면 금풍이 불어야 하는데, 금풍이란 서방 바람이다. 이 바람은 우리나라에 불어온 미국 바람이다. 금풍인 미국 바람이 불어서 꽃잎이 떨어지고 열매가 맺는 가을에 결실시대를 맞이한다. 이 같은 역학에 따르면 우리나라는 미국의 도움으로 인류사의 열매를 맺고 새로운 세계사를 시작할 것이다.

그렇다고 역학의 원리에만 매달려 있을 것이 아니고 우리 스스로 더욱 더 노력을 더 많이 계속해야 될뿐더러 우리의 정신 무장을 더욱 더 강화해야 할 필요가 있다고 탄허 스님은 역설했다.

모든 역학의 원리가 그렇듯이 후천도수가 오는 것도 인간의 눈으로 확인할 수 있는 것이 아니다. 낮 12시가 지나면 이미 밤이 온 것인데, 사람들은 문밖이 밝은 낮이라고 하여 낮으로 알 고 있듯이 이미 오래 전부터 간도수가 시작되었고, 후천의 세계가 눈앞에 와 있는 데도 사람들은 이를 알지 못한다.

이 후천의 세계에서 발생될 몇 가지 현상을 알아보면 다음과 같다. 첫째, 지금은 중국 영토가 되어 있는 만주와 요동반도 일부가 우리의 영토가 될 것이고, 둘째로는 일본 영토의 3분의 2 가량이 바다로 침몰할 것이다.

원효·의상 대사 이래 최대의 불사

인간에게는 누구에게나 똑같은 시간이 주어진다. 하지만 그 시간을 어떻게 쓰느냐는 사람에 따라 다르다.

탄허 스님은 공부 자리가 아니면 가지 않고, 공부가 아니면 말씀하지 않았다. 특히 10여 년에 걸친 줄기찬 집념으로 불교 최고 경전인 《화엄경》을 자상한 주석을 곁들여 우리말로 옮긴 작업은 '원효 · 의상 대사 이래 최대의 불사'였다.

어느 날 이 엄청난 작업을 한 종교인이 해냈다는 소식을 듣게 된 일본 사람들이 탄허 스님 특강을 일주일 동안 듣더니 감탄하면서 다음과 같이 물었다.

"우리 90명도 못한 일을 어떻게 혼자서 다하셨습니까?"

그러자 스님께서 말씀하셨다.

"세 살부터 스무 살까지는 유가를 공부했고, 이십 대에는 불교를, 삼십 대에는 도가를 스스로 깨우쳤으니 가능한 일이었다."

일본에는 아직 《화엄경》 번역판이 없다고 한다. 아니, 전 세계에서 자국어로 번역한 사람은 탄허 스님뿐이다. 부처님 이후로 3천 년 만에 탄허 스님이 처음이었다. 오직 스승의 유촉을 받들고 세상의 버팀목이 될 후학 인재들이 나오기를 염원한 서원(誓願)에서 비롯된 것이었다.

대선사이고, 선각자인 탄허 스님을 나는 대령 때 월정사에서 처음 만났다.

어느 날 탄허 스님이 "세상 사람들 가운데 중을 거느리기가 제일

어렵다.” 고 했다. 내가 “왜 그렇습니까?”라고 물었다.

“어느 부모도 자식을 스님 만드는 데 찬성하지 않는다. 부모 말 안 듣고 절에 들어온 사람들이 스님들이다. 그 사람들이 누구의 말을 함부로 듣겠느냐.”

탄허 스님의 설명을 듣고 나는, 스님들이 아집이 무척 세다는 사실을 알게 되었다. 부모의 말도 안 듣는 사람이 누구의 말을 듣겠느냐고 지적하는 탄허 스님의 말처럼 스님들을 거느리기가 어려워 보였다.

나는 궁금한 것이 있으면 탄허 스님에게 묻곤 했다.

탄허 스님은 나의 정신적 스승이시다.

“기독교에서 성령을 받았다 하는 데, 그게 무슨 뜻입니까?”

내가 묻자 스님이 대답했다.

“불교를 믿든 기독교를 믿든 열심히 믿으면 꿈에 부처님이나 예수님이 나타난다. 불교 믿는 사람은 꿈에 부처님이 나타났다고 생각한다. 기독교 믿는 사람은 성령 받았다고 한다. 이것이 불교와 기독교의 차이이다.”

탄허 스님은 “참새는 굶어죽어도 스님은 굶어죽지 않는다.”라고 했다. 대한민국에서 불교의 뿌리가 그만큼 깊다는 뜻이었다. 왜 안 그렇겠는가. 이 땅에서 불교가 수천 년 동안 뿌리를 내리다 보니, 스님은 어디 가서 구걸을 하더라도 밥은 얻을 수 있게 되었다.

stories • 남기고 싶은 이야기들

기억 속 사건

김수환 추기경

1979년 10월 26일 박정희 대통령이 서거하고, 대통령 장례식 때였다. 3개 종파 대표가 축원하는 자리에서 기독교와 불교 대표는 박정희 대통령에 대하여 예의를 다하여 부르는데, 김수한 추기경이 "인간 박정희를 용서하소서."라고 추도사를 시작하는 모습을 보고 놀랐다.

그도 그럴 것이, 김수환 추기경의 그 같은 발언은 당시 정세에서 상상도 못할 말이 아닐 수 없었다. 그런데 예수의 입장에서 보면 아무리 절대 권력자라도 한 사람의 인간에 불과하고, 죄 많은 인생에 대해 용서를 구하는 것은 성직자의 의무가 아니겠는가. 김수환 추기경이 얼마나 큰 인물인지 나는 그 때 목격했다.

김수환 추기경은, 1922년 대구에서 독실한 가톨릭 집안의 막내로 출생하여 1951년 사제 서품을 받았고 1969년 교황 바오로 6세에 의해 한국 최초의 추기경이 되었다.

대교구장 취임사(1968년)에서 그는 "교회의 높은 담을 헐고 사회 속에 교회를 심어야 한다."고 밝히면서 교회 쇄신과 현실 참여 원칙에 따라 가난하고 봉사하는 교회, 한국의 역사 현실에 동참하는 교회의 모습을 제시하였다. 또 "존엄성에 대한 확고한 신념을 바탕으로 하는 공동선의 추구"를 사회 교리로 주장하였다. 취임사와 사회 교리로 인해 교회 안팎의 젊은 지식인과 노동자들로부터 지지를 얻었고, 이후 시국 관련 사건이 일어날 때마다 직접, 간접적으로 영향을 미쳤다.

문선명 통일교 총재와 만남

나는 2005년에 알라스카를 2주 동안 방문했다. 그곳에 있던 통일교 선단은 고기를 잡으면 즉시 냉동 처리하여 전량 미국에 수출했다.

문신명 총새는 아침 5시에 70여 명을 모아서 교리 원리 강연을 하였다. 그런데 나는 무슨 말인지 잘 알아듣지 못했다. 야외에서 점심 시간을 가졌는데, 나더러 뒤를 돌아보라고 하여 돌아보니 문선명 총재가 내 앞에 있었다. 그 자리에서 문 총재와 나는 1시간여 동안 대화를 나누었다. 허물없이 대화를 나누는 중에, "내가 사기도 많이 당했다."라고 문 총재가 말했다. 그래서 내가 "대우대현(大愚大賢)

아닙니까."라고 하니 "그게 무슨 말이냐?"고 물었다.

"원래 성인은 우직한 것입니다. 만약 문 총재께서 사기를 당하지 않고 사기를 쳤다면 오늘 이 자리가 있겠습니까?"

나의 그 같은 말을 듣고 문 총재는 감동을 많이 받은 듯한 눈치였다. 나중에 참모진들이 나에게 "큰 축복을 받았다."고 하고, 또 윤정로씨는 나에게 "문 총재께서 홍 장군 이름을 똑똑히 기억하십니다."라고 알려주기도 했다.

"참모들이 모인 자리에서 문 총재님이 '내 앞에 있던 사람이 누구

▼ 아라스카에서 문선명 총재와 함께

냐?'고 물어서 '홍성제 장군입니다.'라고 알려주었어요."

문선명 총재가 한 번은 "내가 너에게 무슨 요청이든 하면 들어주겠는가?"라고 물었다. 나는 "말씀만 하십시오. 최선을 다하겠습니다."라고 대답했다. 그러나 그 후 어떤 요청도 하지 않았다.

모윤숙과 메논

나는 평소에 신문을 꼼꼼히 읽는다. 신문을 읽으며 관심이 가는 기사를 스크랩하여 둔다. 그런 과정에서 여러 권의 스크랩북을 소장하기에 이르렀다. 내가 소장한 스크랩북은 한국과 세계의 역사는 물론이고 현실 정치와 경제의 흐름들을 알려 주었다.

8·15 후 미군정 시기에 군정장관 '하지' 중장은 이상적 중립통일론자 김규식 박사를 한국의 대통령으로 추대하려고 했다. UN 한국임시위원단 의장이자 인도 대표 자격으로 1948년 1월에 한국에 온 '메논' 역시 같은 생각이었다. 메논은 당시 인도 외무장관이며, UN 대사였다.

한국에 도착한 메논은 환영 파티 자리에서 만난 모윤숙에게 연정을 품는다. 문학에 관심이 깊었던 메논은 틈만 나면 모윤숙을 찾아와 한국의 시와 자연을 얘기했다.

메논이 UN 총회에 참석하려고 한국에서 떠날 날이 가까운 어느 날, 이승만 박사가 모윤숙에게 전화를 걸었다. 메논을 숙소에서 나오게 하여 '이화장'으로 데려오라고 했다. 뜻밖의 전화를 받은 모윤숙은 처음에는 거절했다. 그러나 울음 섞인 목소리로 부탁하는 이승만 박사의 부탁을 끝까지 거절할 수 없었다.

눈이 많이 내려서 쌓인 겨울밤인데, 달빛이 그날따라 밝았다. 모윤숙은 메논에게 전화를 걸어 "가보고 싶다던 금곡릉에 가보자."라고 제안하자 메론은 "OK!"라고 대답했다. 메논이 차에 타자, 모윤숙은 차를 이화장으로 향하게 했다. 그 순간 메논은 화가 났지만, 그대로 이화장으로 향했다.

메논을 맞이한 이승만 박사는 눈물을 흘리면서 "남북통일을 위해서는 협상론이 필요없다."고 역설하고, 그 사이에 프란체스카 여사는 따듯한 인삼차를 내놓았다. 인삼차를 마시는 메논에게 모윤숙은 "이 박사가 대통령이 안 되면 죽어버리겠다."고 하며 눈물을 흘렸다. 그 자리에서 메논은 '이 박사는 행복하다. 인도에서 간디가 죽었을 때 따라죽은 여인이 없었는데……."라고 생각하며 이승만 박사를 한국의 대통령으로 밀기로 작정하였다. 그리고 다음날 메논은 평소의 입장을 바꾸어 남한 단독 정부 수립에 힘을 실어주는 보고서를 UN에 제출했다. 이는 미 군정청 하지 중장의 예상을 뒤엎은 것이었다.

메논은 자신의 단독 정부 찬성 입장과 모윤숙과의 관계에 대해 "내 심장이 내 머리를 이기도록 허락했던 유일한 경우"라고 훗날 말했다. 이에 대해 모윤숙은, "메논 단장과 (나의) 우정 관계가 없었더라면 단독 선거는 없었을 것이고, 이승만 박사가 대통령 자리에 계셨다는 것도 생각할 수 없는 사실일 것"이라고 했다.

장면과 트루먼

장면은 정치인이기 전에 나라를 구한 공로자였다.

1950년 6월 25일 새벽에 6·25가 발발하자 주미 한국대사이던 장면 박사는, 나라를 구하려고 미국에서 동분서주했다.

전쟁이 발발한 6월 25일에 장면 대사는 대한민국 정부의 긴급 훈령을 받고, 미국 국무성에 알려 사태의 절박성을 전하고, 유엔안전보장이사회에서 연설하고, 그날 저녁 이승만과 통화하고, 미국의 상 · 하원을 찾아다니며 한국 파병을 역설하고, UN과 국제사회에 북한군의 남침을 알리고 한국 전쟁에 참전을 설득하여 미군과 UN군의 한국 파병을 호소한다.

6월 26일에 휴양지에서 미국 대통령 트루먼을 만났다. 당시 트루먼 대통령은 휴가 중이었다. 트루먼 대통령과 장면 대사는 천주교 교인이었다. 천주교에 부탁하여 휴양지에서 트루먼 대통령을 만난 장면 대사는 무릎을 꿇고 "우리나라를 구해 주십시오."라고 울면서 미군의 한국 파병을 하소연하였다.

트루먼 대통령은 미군의 한국 파병을 결정했고, 그 결정 때문에 트루먼은 임기 말기에 지지율 20%로 추락했다. 그런데 그로부터 60여 년이 지난 최근에는 해리 트루먼 대통령은, 조지 워싱턴 · 링컨 · 루스벨트 대통령 등과 더불어 미국의 위대한 대통령 5인 중의 한 사람으로 평가를 받고 있다. 학자와 언론인들 사이에서 트루먼 대통령이 그토록 높이 평가받는 이유는 미군의 한국 파병을 결정했기 때문이다.

한편, 장면 대사는 1950년 6월 27일에 UN안전보장이사회에 참석했다. 그리고 미국의 대북한 선전 포고와 UN의 대한민국 지지를 호소하여 UN군의 한국 전쟁 참전을 이끌어낸다. 장면 대사는 "유엔 승인을 받은 대한민국은 현재 북한군의 불법 공격을 받고, 이에 대항하여 고전 분투하고 있다. 북한군의 대규모 침공은 우리 대한민국 정부를 전복시키고, 북한 정권 치하에 몰락시키려는 야망에서 일으킨 것임이 분명하다. 이런 불법 공격은 인도와 민심을 거스르는 죄악일 뿐 아니라, 국제 평화와 안전에 대한 명백한 위협이니만큼 귀 안보 이사회에서 침략자들로 하여금 일체 공격을 즉각 중지케 하고, 38선 이북으로 철퇴하도록 강력히 조처"해 줄 것을 호소했다.

6월 28일에 서울은 조선인민군에게 함락 당하였으나 장면은 '미국의 소리(Voice of America)' 방송을 통해 유엔 결의 사항 등을 본국에 방송하였다.

서울이 3일 만에 점령당하여 미국의 정치인들은 대한민국에 희망이 없다고 결론을 내렸다. 그러나 장면 대사는 미국 정치인들을 찾아다니며 한국 파병을 설득하였다.

이승만은 장면이 UN에 대한민국 정부의 승인을 얻은 것과 한국 전쟁 직후 미군과 UN군의 파병 설득에 성공한 것을 높이 평가했다. 당시 무임소 장관 오위영은 장면을 국무총리 후보로 추천했다.

"제 생각으로는 장면 박사가 (국무총리에) 제일 적임자라고 생각합니다. 그는 미국에서도 지지를 받고 있을 뿐만 아니라, 6·25

당시의 성공적인 외교 활동을 통해 국민들에게 잘 알려진 사람입니다. 지금의 시끄러운 사태를 수습할 수 있는 유일한 인물입니다."

장면은, 한국 전쟁에 중공군이 개입한 직후에 '국무총리에 임명되어 인준되었으니 귀국하라.'는 통보를 받았다.

장면은 1951년 2월에 귀국하여 국무총리에 취임하였다. 귀국 무렵 대한민국 국회와 이승만은 갈등하고 있었다. 장면은 국회와 이승만 사이에서 조정 역할을 시도했으나 실패하였다. 그는 귀국 즉시 총리직에 취임하지 않고, 1주일 여유를 얻어 요인들을 만나 의논했다. 그는 "일반적으로 이 박사에 대한 평이 좋지 않아 총리직을 맡을 생각이 간절하지 않았으나 이왕 인준도 받았으니 하는 데까지 하다가 할 수 없으면 그만두라."는 주변의 의견대로 총리직을 맡았다. 당초 이승만은 장면에게 인사권을 위임하겠다고 하였다. 그러나 "5석 중 3석을 총리가 정하였으니 내무에는 이순용, 국방에는 이기붕을 써 주시오." 하고 종용하는 등 당초 약속과는 달랐다.

국무총리 재임 중 장면 박사는 호화로운 식단을 기피하고 직접 도시락을 싸들고 출퇴근하였다.

2

국방계획을 추진하며

국방 예산 개혁의 선봉에 서다

군수 의존 시대

1953년 7월 27일에 휴전협정이 조인되었다. 그리고 북한의 도발 방지를 위해 그 해 10월 1일에 〈한 · 미 상호방위조약〉이 체결되고, 1954년 1월에 양국 의회의 비준으로 공식적인 한 · 미 군사동맹관계가 수립되었다.

〈한 · 미 상호방위조약〉의 제3조는 상대국에 대한 무력공격은 자국의 평화와 안정을 위태롭게 하는 것으로 간주하여 헌법상의 절차에 따라 공동의 위협에 대처하도록 규정하였다. 또 제4조에 미군의 한국 내 주둔을 인정한다는 것을 명시하였다. 이로써 〈한 · 미 상호방위조약〉은 한 · 미 연합방위체제의 법적 근간이 되었다.

공식적인 한 · 미 군사동맹관계가 수립된 이후 1960년대 말까지 한 · 미 관계는 '보호-피보호'의 관계가 지속되었다. 한국의 제1, 2

공화국 때 한국에 대한 미국의 경제 및 군사 원조와 냉전 대결 구조에서의 상호 지원이라는 협력이 이루어진 반면, 한편으로 미국으로부터 자주성을 확보하려는 갈등 관계도 존재하는 협력과 갈등이 병존했던 기간이라고 볼 수 있다. 이 때 한국은 토지와 시설을 주한 미군에 제공하고, 미국은 한국에 안보 · 군사 및 경제 지원을 제공하였으며, 주한 미군이 한국 방위를 주도하였다.

1965년 월남전 파병을 계기로 정치적 갈등 관계가 청산되고, 상호보완적 동맹 관계로 발전하고, 1960년대 후반에는 북한의 빈번한 대남 도발에 기인하여 한 · 미 군사 관계는 더욱 결속되었다.

미국은 무상 원조 사업, 대외 군사 판매, 방산 기술 지원 및 협력 사업 등의 형태로 한국군 전력 증강에 크게 기여하였다.

이처럼 '보호-피보호'의 관계가 지속된 군수 의존 시대에는 한국에 국방 관리에 대한 의식이 없었다. 그때는 당면한 국방 목표 달성을 위하여 독자적인 전략 소요 산출 및 군사력 건설과 유지 계획을 수립하거나 자원 분배를 위한 제도적 뒷받침이 없어 미국 측이 직접 각 군에 공여하는 군수 물자의 분배 계획 수립 수준의 관리를 대행하였다.

미국 군수 원조의 변화와 자주 국방

1970년대 초부터 '자주 국방'의 문제가 대두되었다. 그 때까지 주로 미군의 군수 원조에 의존하여 국방 조직을 운영하던 대한민국 국군은, 닉슨 독트린(1969. 7. 25)에 의해 1971년 3월에 미 7사단이 철수하면서 미군의 군수 원조가 점차 삭감되었을 때 박정희 대통령에 의해 자주 국방에 대한 의식이 고조되고, 제1차 율곡 사업을 시작(1974)하였다.

제1차 율곡 사업과 같은 군 전력 증강 계획을 박정희 대통령이 직접 통제하고 합동참모본부의 소수 전문가 집단이 계획과 예산 배분을 관장하였다. 군사 전략과 군사력 구조에 대한 종합적이고 기획적인 사고가 뒷받침되지 않은 상태에서 소수 엘리트의 직관에만 의존하면서 율곡 사업은 편견에 빠지거나 시스템적 비리에 말려들 소지가 크다는 점을 깨닫게 됐다. 제도적 보완책이 필요했던 것이다.

과학적 예산관리기법의 필요성을 인식하여 1979년 6월에 미군의 기획 예산 제도(PPBS)을 도입, 최초로 국방 기획 관리제도(훈령253호)를 정립하였다. 미군의 기획 예산 제도(PPBS)는 재정을 과학적으로 관리하여 예산을 합리적 · 효율적으로 편성하기 위한 한 방법이었다. 즉, 'Planning기획 · Programming계획 · Budgeting System 예산 제도'이 약어로서 PPBS는 거대한 조직에서 자원 배분의 효율성을 높이기 위하여 정책 책정, 사업별 실시 계획, 예산화 등을 유기적으로 결합한 시스템이다.

그러나 당시는 미국 제도의 외형만 모방하고 합리적인 국방 관리에 기여하지 못하였다. 그 이유는 PPBS(Planning기획 · Programming계획 · Budgeting System 예산 제도. 즉 성과주의 예산 제도) 체계만 유지하고 분배된 자원의 집행 체계와 집행 결과에 대한 분배 평가 체계가 없었기 때문이다. 따라서 자원 사용 실적에 의한 표준 비용 산출이 불가능하였다. 게다가 지휘관들의 관심 부족으로 실질적인 국방 관리에 기여하지 못한 채 80년대를 맞이하였다.

자주 국방의 새로운 틀

대한민국의 국방비는 GNP의 6%이며, 정부 재산 규모의 1/5로써 국가 재정에 과중한 부담을 주고 있었다. 특히 제한된 국방 자원의 합리적인 사용을 위한 제도 개선 노력이 미흡하여 국방 전략 투자비는 1980년 29.6%에서 1982년 26.8%로 매년 하향 추세였다. 이러한 전략 증강 투자비의 하향은 단순한 전략 증강 지연이라는 차원을 벗어나 국방 관리 체제가 안고 있는 문제점으로 노출되었다. 불확실한 기준으로 계획과 예산을 편성함으로써 예산은 목표 감각을 잃고 전년도 답습식 증분 단순한 예산 편성과 군별 참모부별 예산확보 경쟁으로 인하여 운영특별비가 극도로 편식되었으며, 전체 국방 관리가 부실하게 되었던 것이다. 따라서 제한된 자원의 합리적 분배를 위한 새로운 기준 설정과 국방 관리 자원의 합리적 체계화를 위한 근본적인 개선이 절실히 요청되었다.

그리하여 1983년 2월 국방부에 〈국방 예산 개혁 위원회〉를 설치하였다. 그리고 나는 국방 개혁 위원회 총괄 책임자로 부임하였다. 국방 자원 관리의 합리적 체계화를 목표로 설정한 〈국방 예산 개혁

▲ 국방 개혁예산위원회 신고식

위원회〉는 기존의 기획 예산 제도(PPBS)에 집행 및 평가 단계를 추가시켜서 한국형 기획 관리 제도의 기틀을 마련하여 정착시켰다. 국방부의 계획평가실로부터 평가관리실을 독립시켜 사전 분석을 강화하는 한편 예산 집행 결과를 평가분석하고, 이 결과를 다시 기획, 계획, 예산 및 집행 단계에 환류시키는 체계를 성립하였다. 또한 이때부터 〈국방 중기 계획〉을 작성하기 시작하고 이를 통해 국방부가 율곡 업무를 직접 관장하였나. 이러한 과정을 통하여 국방부 훈령 308호를 제정, 현재의 모습과 같은 〈국방 기획 관리체계〉(PPBEES. 기획 · 예산 · 집행 · 평가)를 정비하였다.

나는 1983년에 국방부에 최초로 설치된 〈국방 예산 개혁 위원회

〉의 연구조정실에 부임하여 한국형 기획 관리 제도의 기틀을 마련하여 자주 국방의 새로운 틀을 마련하였다.

상향식 의사 결정 체계

국방 예산 개혁은 창군 이래 처음으로 시도된 역사적인 과업이었다. 그 과업을 추진할 때 국방부에서 내가 만든 〈국방 기획 관리제

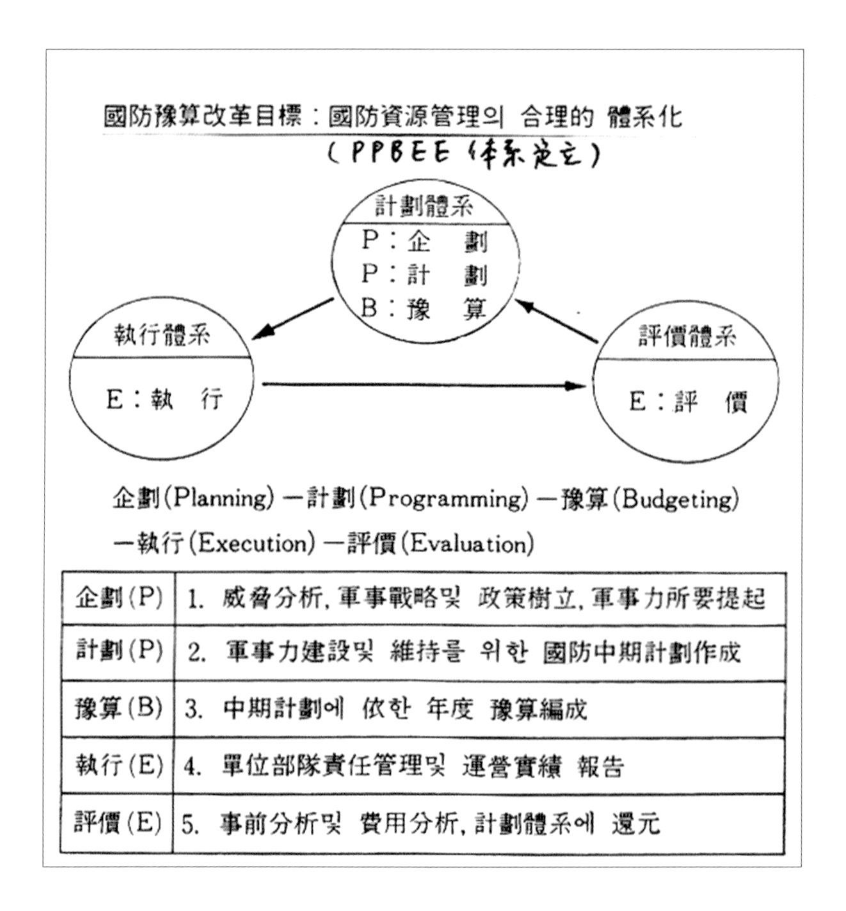

國防豫算改革目標 : 國防資源管理의 合理的 體系化
(PPBEE 体系定立)

計劃體系
P : 企 劃
P : 計 劃
B : 豫 算

執行體系
E : 執 行

評價體系
E : 評 價

企劃(Planning) ─ 計劃(Programming) ─ 豫算(Budgeting) ─ 執行(Execution) ─ 評價(Evaluation)

企劃(P)	1. 威脅分析, 軍事戰略및 政策樹立, 軍事力所要提起
計劃(P)	2. 軍事力建設및 維持를 위한 國防中期計劃作成
豫算(B)	3. 中期計劃에 依한 年度 豫算編成
執行(E)	4. 單位部隊責任管理및 運營實績 報告
評價(E)	5. 事前分析및 費用分析, 計劃體系에 還元

도〉를 바탕으로 대한민국 국군은 업무 체계를 전반적으로 다시 설계할 수 있었다. 즉 군의 기획 기능을 강화하여 소요와 계획을 목표 지향적으로 통제하고, 국방부 합참 및 각 군 본부에 권한과 기능을 합리적으로 배분하여 견제와 균형을 유지했다.

그 같은 〈국방 기획 관리제도〉가 등장하면서 군에는 많은 변화가 일어나기 시작했다. 전투 준비와 부대 관리에만 매달리던 군이 이제는 군사력 건설이라는 군의 미래를 설계하는 업무에 함께 참여하고 고민하는 풍토가 조성되었다. 간부의 논리적인 사고와 전문성을 계발하는 전기가 마련된 것이다. 이는 무형적인 군의 변신과 발전을 의미한다.

기획 · 계획 · 예산 · 집행 · 평가의 유기적 연계

〈국방 기획 관리제도〉(PPBEES)는 기획 · 계획 · 예산 · 집행 · 평가의 단계로 구성되었다. 각 단계를 유기적으로 연계하여 국방업무 및 재원 배분을 통합적으로 관리할 수 있게 하였다.

그 첫 단계는 미래 5년간의 국방 정책 및 사업을 기획하는 '기획' 단계이다. 두 번째 단계는 이러한 정책 및 사업을 중장기적 관점에서 분석하고 계획하는 '계획' 단계로 '국방 중기 계획'이 이에 해당되며, 기획 및 당 년도 예산을 연결하는 단계이다. 세 번째 단계는 당 년도 예산을 편성하는 '예산' 단계이고, 네 번째 단계는 당 년도 예산을 적정하게 '집행'하는 단계이다. 마지막으로 '평가'는 집행한 정책 · 사업 · 예산에 대해 그 적정성 및 합리성을 평가하는 단계이다. 이러한 모든 단계를 연계하고 통합적으로 관리하는 제도가 〈국방 기획 관리제도〉이다.

모든 문제를 양성화하라

1982년 9월에 국방장관으로 부임한 윤성민 장관은 국방 관리를 근본적으로 개선하려면 과학적인 예산 개혁 작업이 필요하다고 절감했다. 그는 1983년 2월 1일 청와대에서 대통령에게 국방 예산 개혁계획을 보고하였다. 이에 전두환 대통령은 "국방부 예산 개혁 작업은 일대 개혁으로서, 예산의 편성과 집행을 정상화시키고, 방산업계 조업률 향상과 국가 경제의 경기 상승을 촉진시키는 것"이라고 지적하며 "낭비 요인을 제거하여 예산의 합리화에 모든 정부기관의 표본이 되도록 선도적 역할"을 하라고 지시했다. 이에 국방부는 근본적인 국방 관리제도 개선을 위하여 1983년 2월 25일에 〈국방 예산 개혁 위원회〉를 설치하고 본격적인 개혁 작업을 착수하기 시작하였다.

국방 예산 개혁 작업에 임하면서 윤성민 국방장관은 "운영 유지비를 최대한 절약하여 투자비를 증액함으로써 전력을 극대화하되, 무조건적 절약보다 합리적인 절약이 되도록 하고, 모든 문제는 양성화하여 근원적인 해결책을 모색하며, 목표 지향적 자율체제가 가능한 국방 관리 체제를 설계하여 우리의 국방 업무와 여건에 부합된 관리 체계를 확립하도록 전 장병이 적극적으로 참여하여 강력히 실천하도록" 한다는 추진 지침을 내렸다.

국방 예산 개혁 작업은 국가 이익에 바탕을 둔 국방 목표의 합리적인 달성을 위한 국방 자원의 최적 배분 및 효과적 사용을 통해서 전력을 극대화하려는 국방 자원 관리의 총괄 관리 체계(Total Management System)를 확립하기 위하여 창군 이래 최초로 시도된 범 군적인 작업이었다. 아울러 지금까지 각계 각층의 모든 분야에서 타성적으로 대행해 오던 편식된 업무대행 체제를 근본적으로 개혁하는 것이었다.

이러한 막중한 임무를 수행하게 된 예산 개혁 위원회는 국가 생존 및 국가 안보 차원에서 소명 의식과 자부심을 가지고 비능률, 상호모순 등의 문제점을 파악하여 제도 개혁의 차원에서 작업을

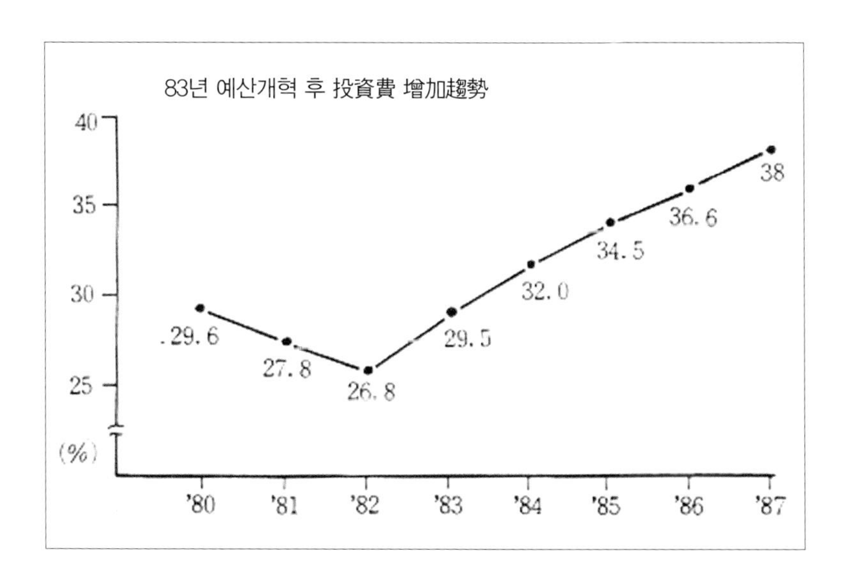

추진하였다.

그러나 국방 예산 개혁은 과거에 누구도 경험한 바 없었으므로 개척자 정신이 절실하게 요구되었다. 아울러 작업의 규모에 있어서도 전군에 이르는 광범위한 작업이었다. 효과 면에서도 전력에 미치는 영향이 지대하여 시행착오를 최소화하려고 진중하게 추진하였다. 그 길은 험난하였다.

그 동안 추진되던 예산 개혁 작업을 장기 개혁과 단기 개혁으로 구분하였다. 단기개혁 과제는 운영 유지비를 절약하여 투자비에 증액 배분하였다. 그리하여 투자비는 1982년 26.8%에서 1988년에는 39%로 제고하고, 사전 분석 및 가격 협상 개선에 의해서 투자비를 효율화하였다. 또한 장기 투자 작업으로써 제한적인 개혁 작업에 착수하여 국방 관리 체제를 정립하였으며, 이와 관련된 모든 업무들을 정비하였다.

운영 유지비는 1983년부터 3년간 2조 3천억 원을 절감하여 투자비에 투입하였다.

국방 기획 관리 제도(PPBEES) 정립

예산 개혁 추진 기본 방향

국방 관리자원의 합리적 체계화를 통한 국방 전력의 극대화를 목표로 하는 예산 개혁 작업은 국방 기획 관리 제도(PPBEES) 개념에 의한 8대 중점 과제를 중심으로 추진되었다.

첫째, 의사 결정체계 확립이었다. 투자 사업에 대한 사전 분석을 강화하여 투자사업의 최적대안 선정으로 합리적인 군사력 건설을 기할 수 있도록 하여 계획 부실과 자원 낭비 현상을 정비하였다.

둘째, 계획 작성체계 확립이었다. 지금까지 분리 작성되어 온 운영 유시 계획과 투자 계획을 종합 작성하여 일관된 자원배분으로 국방 효율을 극대화하도록 하였다.

셋째, 단위사업별 책임관리제 확립이었다. 투자 사업 집행의 효과적 관리를 위한 것으로써, 사업 추진 단계별 책임 소재를 명시할 수 있도록 무기체계 획득관리 업무 절차를 개정하고 투자 사업 관리기구를 설치하여 일관성 있게 사업을 관리하도록 하였다.

넷째, 단위 부대별 책임 관리제 확립이었다. 국방비의 효율적 관리를 위한 것으로 국방 관리 회계 제도를 시행함으로써, 부대 자원

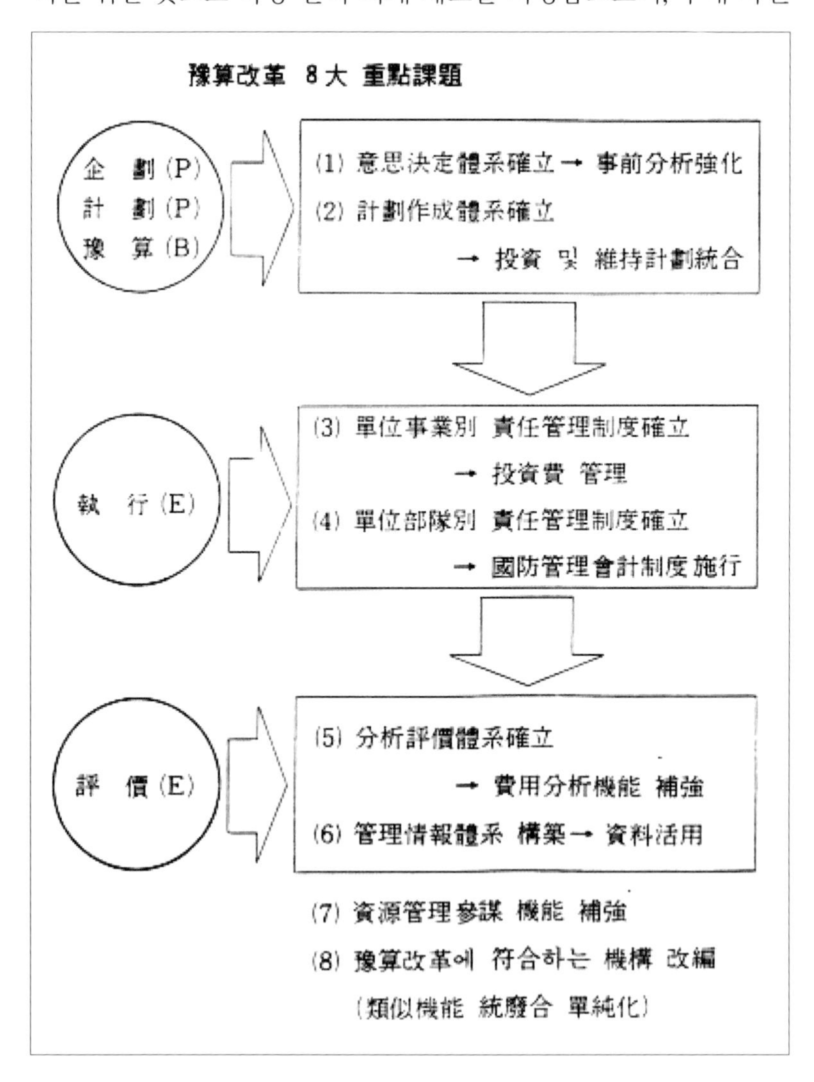

을 통합 관리하고 부대 운영 성과를 분석하며, 자원 사용 실적에 의한 비용 자료를 축적하도록 하였다.

다섯째, 분석 및 평가 체계 확립이었다. 국방 관리 회계 제도에 의한 비용 자료를 분석, 각종 표준 비용을 개발하고 시설 및 장비의 도태 시기, 물자의 소모율 등을 산출 계획 수립 및 예산 편성에 적용할 수 있도록 비용 분석 업무를 훈령화하였다.

여섯째, 관리정보체계 구축이었다. 국방 자원 관리 업무의 전산화를 위하여 사단급 이하 전 부대에 전산화를 구성하고 자원 관리 업무의 전산 자동화로 군의 과학화를 추진하였다.

일곱째, 자원 관리참모 기능 보강이었다. 종래 병과별 자원 관리로 부대 자원의 통합관리가 불가능하였으므로 단위 부대에 자원 관리 주모 참모를 편제화하여 예산 회계, 관리 분석, 전산 사무를 담당하도록 하였다. 즉 당시 육군본부가 사단 인사참모부의 과장으로 분리 편제하여 두고 있던 사단 경리참모를 경리 업무 및 자원 관리를 위하여 자원 관리 참모로 승격하였다.

여덟째, 국방 기획 관리제도에 부합하도록 기구를 개편하였다. 관련 기관을 조정하는 것으로써 투자 사업 사전 분석 기구로 평가 분석관을, 추대계획 및 투자계획 통합기구로써 계획관을, 투자 사입 관리 기구로 사업관리관 (PMO)을, 비용 분석 기구로 관리정보관을 설치함으로써 조직적이고 합리적인 국방 관리를 실현하도록 하였다.

국방 관리 회계 제도는 단위 부대 책임 관리제의 기본 골격을 형성하는 것으로써, 자원 사용 실적을 일목요연하게 기록 보고하고 이를 분석할 수 있는 통일된 회계 절차와 방법을 제시하기 위하여 창군 이래 최초로 시도된 국방 관리의 일대 혁신이었다.

국방 관리 회계 제도의 설계

1983년에 국방 관리 회계 제도의 설계 단계에서 처음에는 재정국장한테 관리 제도의 업무를 줬다. 그런데 재정국장이 관리 설계를 해야 되는데 그것을 못했다. 나는 재정국장에게 "제가 하겠습니다."라고 했다. 그 뒤로 우리 요원들이 직접 국방 관리 설계를 했다.

국방 관리 회계 제도의 설계를 마무리한 뒤에는 기획관리실장에게 보고할 차례가 되었다. 재정국장과 내가 기획관리실장에게 보고를 했다. 기획관리실장은 황광영 소장이었다.

"국방 관리 회계 제도에 대한 설계를 보고하러 왔습니다."

그 같은 보고를 이해하려면 전문 지식이 있어야 하는데 보병 출신은 개념이 없었다.

"이 보고서는 내가 검토하고 완전히 알 때까지 결재를 못 하겠다."

내가 나섰다.

"실장님, 이것을 완전히 이해하려면 앞으로 3개월이 걸려도 다 못 합니다."

나는 사실대로 이야기를 했다. 복식 부기로 된 관리 회계 제도는 쉽게 이해할 수 있는 것이 아니었던 것이다.

"이 놈, 무능한 놈 아니야."

나더러 무능하다고 했다. 그 말을 듣고 나는 받아쳤다.

"아니, 아는 놈이 무능합니까, 모르는 놈이 무능합니까?"

그 자리에 함께 갔던 재정국장도 놀라고 기획관리실장도 놀랐다. 나는 그대로 그 자리에서 나왔다.

그날 퇴근해서 집에 왔는데, 상사하고 싸웠다는 사실 때문에 마음이 여간 불편하지 않았다. 다음날 출근하자마자 재정국장 방에 들렀다.

"실장님께 사과하세요."

나를 보자마자 재정국장이 충고했다. 나는 주저하지 않고 그 길로 기획관리실장실로 황광영 소장을 찾아갔다.

"실장님, 어제는 죄송했습니다."

장군 진급 20일 남겨놓았을 때였다.

"진급할 때는 사람들이 몸을 조심하고 고개를 숙이는데, 홍 장군은 진급 20일 남겨두고 나한테 맞섰다."

나는 기획관리실장에게 사랑을 받았다.

투자비와 일반 유지비의 통합

국방 예산은 투자비를 합동참모본부에서 관장하고, 유지비만 국방부에서 관장했다. 그런데 투자비와 유지비를 통합하기로 하고 합참의장에게 결재를 받아야 했다. 그 결재는 정책계획관 이병기 장군의 소관이었다. 그는 육사 12기 생으로, 머리가 아주 명석한 사람이었다.

"홍 대령, 나는 결재 받으러 못 가겠다."

그는 나더러 결재를 받아오라고 했다. 하는 수 없이 내가 결재를 받으러 갔다.

"나는 싸인 할 수 없어요."

합참의장 이기백 장군은 결재를 거부했다. 그것은 합동참모본부의 권한이 국방부로 넘어가는 것을 허락할 수 없다는 뜻이었다.

"의장님, 이것은 국방 개혁의 과제입니다. 의장님이 나중에 국방부 장관이 되셔도 지금처럼 말씀하시겠습니까?"

합참의장은 그 자리에서 결재를 했다.

이기백 장군이 국방부 장관으로 부임했을 때 내가 결재 서류를 들고 결재를 요청하자 결재 서류를 쳐다보지도 않았다.

"이거 말이야, 내가 알아보니 사단장들 중에 국방 예산 개혁을 잘한다고 하는 사람이 없어."

"장관님, 이 일에 대해서 국방부에 있는 이필섭 장군이나 송은섭 장군에게는 왜 안 물어보십니까?"

나는 대들었다.

당시 장관은 휴가 중이었다.

"장관님, 요즘 휴가 중이니까 보고도 안 받으시고 심심하겠습니다."

황인수 차관이 물었다.

"아니야. 홍성제가 와서 보고를 하는데 나한테 막 덤비던데……."

그만큼 훌륭한 사람이었다.

나는 지위 고하를 막론하고 국방 개혁의 과제를 밀어붙였다. 그런 의지가 아니면 개혁은 안 되는 것이었다.

나중에 이기백 장군이 장관직을 퇴임한 후 집에 찾아간 나에게 "홍 장군이 국방 개혁을 할 때 했던 공을 생각하면 대장을 시켜 줘야 돼."라고 나를 칭찬했다.

나는 대한민국의 공무원들이 일을 제대로 하고 있다고 생각하지 않는다. 그런데 역대 대통령들이 공무원 개혁을 못하였다. 지금까지도 그렇다. 공무원 개혁을 하면 대한민국은 금방 일어날 수 있다. 공무원 개혁을 할 줄을 모르는 것이 큰 문제가 아닐 수 없다.

국방 관리 회계 제도의 추진 경위

당시까지 각 군은 분야별로 법정 회계 절차에 의하여 자원 사용 효과의 적법성만을 입증하는 편파적인 목적만을 위해 운영하여 왔다. 그렇기 때문에 효과적인 자원 관리를 위한 기본 목표에 부응한 자료를 제공할 수 없었다.

국방 관리 회계 제도는 자원 관리 목적에 부합되는 제도를 설정하기 위하여 기업회계 이론을 군 특성에 맞도록 설계하고, 육 · 해 · 공군의 특성을 고려하여 전군이 공통적으로 적용할 수 있도록 회계 단위 · 비용 요소 · 회계 절차 등의 모든 개념을 통일하여 실무 위주로 표준화하였다. 아울러 각 군이 산발적으로 적용하여 오던 자원 관리 관련 제도를 포괄적으로 수용하였다. 이러한 국방 관리 회계 제도의 시행으로 부대 자원에 대한 운영 결과를 파악하고 부대 자원 사용 결과에 대한 성과 분석 및 자원 사용 실적에 의한 비용 분석을 통하여 계획 수립 및 예산 편성에 실질적인 기준을 제공할 비용 계수를 산정할 수 있고, 모든 자원 사용 결과를 공개하여 각급 부대 지휘관 및 관리자의 효율적 자원 관리를 촉진함으로써, 예산 개혁 목표인 국방 자원 관리의 합리적 체계화(PPBEES)가 이룩될 것이다.

국방 관리 회계 제도는 1984년에 기본 계획을 확립하고, 1985년 모든 부대에 시험 적용을 거쳐 1986년부터 모든 부대에 시행하게 되었다.

국방 관리 회계 제도 시행을 위한 주요 추진 내용은 다음과 같다.

첫째, 전군을 144개 자원 관리 단위 부대로 분류 설정하고, 각 부대에 자원 관리 참모를 편제화하였으며, 전 부대에 전산망을 구성함으로써 국방 관리 회계 업무를 전산화하여 전산에 의한 자원 관리가 실현될 수 있도록 하였다.

둘째, 국방 관리 회계 제도 시행을 위하여 최초로 3군이 통일된 원칙에 의하여 부대 보유 자산을 파악해서 전산에 입력한 결과 총 16조 9,385억 원에 달하는 국방 자산을 파악하였다. 그리고 58만 종에 이르는 국방 보급품 목록이 영문과 $화로 표기되어 있어 영어를 모르는 실무자는 업무를 수행할 수 없으므로 모든 보급 목록을 한글화하고 표준 가격을 표기하여 전산화하였다. 이로써, 품목별 거래 물량만 입력하면 적용 장비 사용 금액을 자동 출력하도록 하여 국방 관리 회계 제도 시행을 촉진하고 보급 실무에 혁신을 이룩하였다.

셋째, 당시의 예산 과목 및 사업 분류를 준비하여 관리 회계 비용 요소와 연계되도록 전산화하고, 기획 · 계획 · 예산 문서의 유기적 연계를 가능하게 하였으며, 장비 유지비 편성 방법을 48만 수리 부속별 예산 편성에서 638종 장비별 예산 편성으로 개선하여 단위 부대 장비 운용 실적에 의한 최적 소요 반영으로 재고 누적 요인을 원

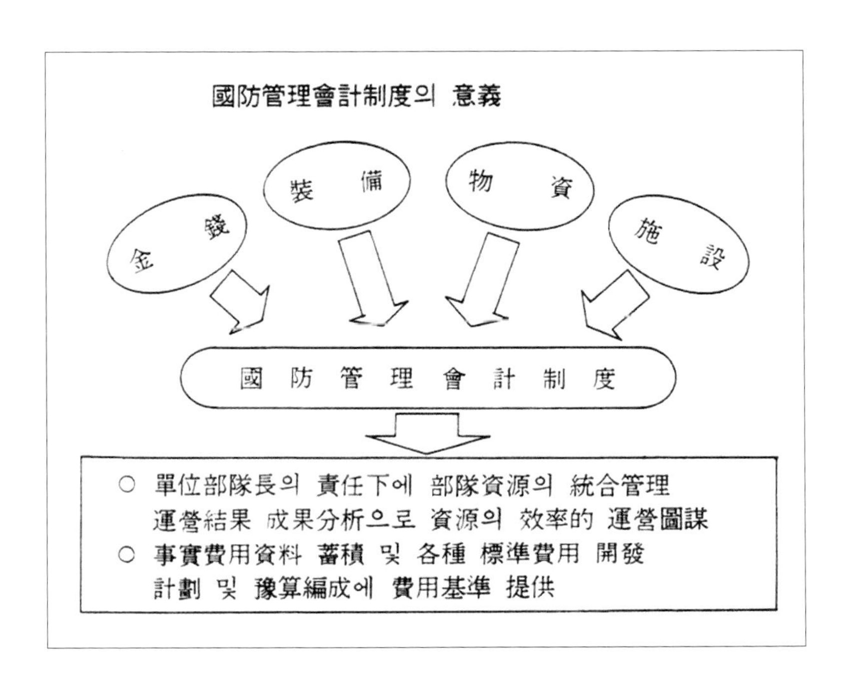

천적으로 배제하고, 장비 표준화를 촉진하였다.

넷째, 국방 관리 회계 제도 시행에 따른 비용 자료 보고 및 분석 절차를 훈령화하여 단위 부대는 국방 관리 회계 제도 시행으로 비용 자료를 생산 보고하고, 각 군 본부는 비용 자료의 종합 및 분석을 하며, 국방부는 표준 비용 산출 및 비용 편람을 작성하도록 절차와 책임을 명시하였다.

국방 관리 회계 제도 정립

국방 관리 회계의 의의

국방 관리 회계 제도는, 부대장의 전반적인 책임 하에 부대 자원을 총괄 관리하고 자원 사용 실적을 사실대로 기록, 보고함으로써 이를 분석 평가하여 부대 자원의 효율적 운영을 도모하고, 실적 분석에 의한 비용 기준을 산정하여 계획 수립과 예산 편성에 기준을 공급함으로써 국방 자원을 효율적으로 관리할 수 있는 내부 통제를 위한 합리적인 경영 관리 제도이다.

금전 · 장비 · 물자 · 시설이 분리 관리되고 있으므로 단위 부대 지휘관은 총괄적인 자원 관리를 위한 자료를 제공받을 수 없다. 반면에 국방 관리 회계 제도는 금전 · 장비 · 물자 · 시설 등 모든 부대 자원을 통합 관리하여 각급 지휘관의 자원 관리 기능을 수행토록 하며 단위 부대 책임 관리 제도를 정착시키고, 집행과 평가 체계 구축으로 국방 자원 관리체계, 즉 PPBEE 체계를 정립하는 것이다.

계획 단계에서는 각급 부대의 목적이 어떻게 실현되어야 할 것인지를 다룬다. 집행 단계에서는 편성된 예산이 집행 과정에서 각종 사실 자료가 관리 회계 제도에 의해 기록된다. 평가 과정은 관리 회계 보고서에 의한 평가를 실시하며, 그 내용은 다음과 같다.

(1) 실적 자료에 의한 부대 운영 성과 분석 : 부대 운영을 위한 제활동을 측정, 분석 평가하여 관리자의 동기를 촉발시키고 효과적인 자료관리를 행하게 한다.
(2) 표준 비용 개발 : 자원 사용 효과를 사실대로 기록 · 정리하여 신속성 있는 표준 비용을 개발하여 합리적인 계획 수립, 예산 편성 및 자원 사용 통제에 기여하게 된다.

국방 관리 회계 제도를 위한 주요 업무

국방 관리 회계 제도는 부대 자원을 총괄 관리하는 수단이다. 그 같은 제도를 시행하려면 모든 관계 업무들이 상호 유기적인 연계를 가지고 추진되어야 한다는 기본적인 사항을 전제로 우선 우리 군의 실정에 맞는 제도를 설정하고, 1985년도 1년간 시험 적용을 하였다. 그리고 부분적인 사항을 수정 보완하여 1986년 1월 1일부터 전군에 시행하도록 만전을 기하였다.

자원 관리 기본 단위 부대 설정

자원 관리 기본 단위 부대를 새로 만들 때였다. 해군에서 온 대령이 "해군에서 그 단위를 만드는데 5년 걸렸습니다." 라고 말했다.

"그래요? 왜 그렇게 시간이 많이 걸렸지요?"

나는 의아해서 묻고 "육해공군 조직표를 가져오세요."라고 했다.

나는 조직표를 펴놓고 3시간 만에 자원 관리 단위를 만들었다. 내가 하면 3시간 만에 되는 일을 그 사람들이 하면 5년이 걸리는 식이었다. 그 사람들과 이런저런 일을 하면서 겪어보니 도대체 일을 할 줄 몰랐다.

일이란 무슨 일을 하든지 처음에는 쉬운 것부터 시작을 하고 그것을 보강을 해 나가는 것이다. 처음부터 완벽하게 일을 하려고 들면 일이 안 될 수밖에 없다. 그런데 일은 보강하는 것이라는 사실을 아는 사람이 아무도 없었다.

불합리한 예산 집행을 타파

사명감 가지고 하는 업무였다. 그렇게 시달리다가 모처럼 휴가를 얻어서 한라산에 올라갔다. 한라산 꼭대기에서 나는 하늘과 사람 사이에 흐르는 기에 가까이 닿아 있다는 느낌을 받았다. 그렇게 한라산 등반을 마친 다음부터 악몽이 사라졌다. 그것은 놀라운 경험이었다. 높은 산일수록 천기 같은 것을 받을 수 있다는 생각이 들었다. 산을 오르면 우리가 모르는 새에 기를 받는 것을 그때 깨달았다.

국방 예산 개혁을 추진하며

국방부 국장들과 나 사이에 불화가 생겼다. 육군 대령이 국방을 휘잡기 시작하자 장성급 국장들이 좋아할 리 없었다. 국방부에 민간인 국장은 감사실장하고 재정국장 밖에 없었다. 나머지 국장들은 모두 군 장성들이었다.

장성급 국장들이 국방부 차관에게 몰려가서 나를 비방했다. 그때부터 국방부 차관은 나를 2년 남짓 경계했다. 뿐만 아니라 국방부 예산 개혁의 경과를 대통령에게 보고한 직후에는, 그 동안 내가 완전히 주도적으로 추진하던 연구조정실에 장성급 실장을 집어넣었다. 그 같은 인사는 순전히 나를 견제하기 위한 조치였다. 그때 연구조정실장으로 온 사람이 김병엽 장군이다.

국방부 예산 개혁을 하면서 1984년부터 육해공군의 1개 부대씩 방문하여 시행 여부를 지켜보게 되어 있었다. 그 첫 번째 방문 부대는 육군 3사단이었는데, 국방부 차관은 연구조정실장과 내가 동행하도록 지시했다. 3사단에 도착하자 사단장이 직접 보고를 했다. 국방부에서 내려온 지침을 토대로 사단의 물자를 비교 분석하면서 비용을 절감했다는 것이 보고의 골자였다. 보고를 받고 국방부 차관이 연구조정실장에게 물었다.

"김병엽 장군, 3사단의 예산 개혁을 강평해 보시오."

김병엽 장군과 3사단장 유관종 장군은 육사 13기 동기생이었다.

"3사단은 참으로 잘하고 있습니다."

연구조정실장의 강평을 듣고 차관은 나에게도 강평을 하라고 했다.

"차관님, 국방부 예산 개혁은 무조건 절약만 하자는 것이 아닙니다. 무턱대고 절약하느라고 각 부대가 서로 경쟁한다면 우리 군은 망합니다. 지금 저희는 일선 부대에서 실천하는 비용 분석 자료를 얻기 위해 여기까지 왔습니다. 그런데 절약만 하는 자료를 국방 차원에서 쓸 수가 있겠습니까? 이런 방법으로는 안 됩니다."

내가 강평했다. 사단장과 국방부 차관 앞에서 "절약만 하는 최소 자료를 가지고 전국적으로 쓸 수가 있느냐, 국방부 예산 개혁에 대한 자료를 일선 사단에서 얻어야 되는데, 이런 식으로는 안 된다."고 분명하게 보고를 하자, 차관은 내가 보고하는 내용을 메모했다. 그리고 '절약만 해서는 안 된다.'는 요지의 강평을 차관이 직접 적어서 나에게 건네주었다.

두 번째로 방문한 부대는 해군 5함대 사령부였다. 해군 부대를 방문하는 일정이 나왔는데 연구조정실 김병엽 장군은 나더러 동행하지 말라고 지시했다. 그는 지난번에 나 때문에 망신을 당했다고 여기면서 그 같은 지시를 하기에 내가 말했다.

"제가 왜 그곳에 가지 말아야 하는지 모르겠습니다. 저는 업무 수행에 필요하기 때문에 그 자리에 반드시 가야만 합니다."

연구조정실장의 지시를 무시하고 해군 5함대 사령부에 억지로 동행했다. 그곳에서 국방부 차관은 나에게 강평을 하라고 지시했다. 내가 강평을 했다.

"홍 대령, 어제 내가 지침 준 것 가지고 왔지? 이리 줘."

그 자리에 내가 참석하지 않았으면 큰일 날 뻔 했다.

"여기 있습니다."

나는 국방부 차관이 나에게 맡긴 것을 꺼냈다.

"그것을 이 자리에서 읽어 봐."

그것은 국방부 차관의 지침이었다.

다음 일정은 공군이었다. 공군을 다녀온 국방부 차관은,

"국방부 예산 개혁은 홍성제가 다 한다."라고 평가했다.

2년 남짓 나를 경계하던 차관의 입에서 그런 말이 나올 줄은 미처 몰랐다.

그때부터 국방부 차관은 나를 인정하기 시작했다. 국방부 차관 권영각 장군이 나의 편이 되는 순간이었다. 그 같은 평가를 받기까지 나는 2년 동안 노심초사했다. 권 장군은 성격이 꼿꼿하고 신념이 투철한 군인이었다.

그때부터는 업무를 진행하기가 훨씬 수월했다.

군수 목록 한글화

세계2차대전에서 일본군이 패전한 원인은 군수 지원 능력이 없었기 때문이었다. 적기에 보급품이 전달되지 못한 결과 참패를 면치 못했다.

그런데 우리 군은 미군의 군수 목록을 창군 이래 50년 동안 그대로 방치하고 있었다. 한 마디로 '군수 부재'의 상황이었다. 그 같은

사실을 파악한 개혁 위원회는 군수국에 군수 목록을 한글화하고, 표준 가격을 상정하라고 지시하였다.

군수 목록을 정비하면 각 사단이나 군사령부의 군수품을 국방부가 파악할 수 있는데, 이는 상부에서 하부의 재고를 다 볼 수 있도록 정비하는 일이었다.

군수 목록을 정비하면 국고를 낭비하는 일을 그만큼 줄일 수 있었다. 그러나 그 동안은 재고가 파악되지 않고 있었다. 군인들은 국방비가 자기 돈이 아니라고 생각해서 절약할 줄을 몰랐다. 도무지 비용 개념이 없었던 것이다. 군수 목록을 정비하면서 나는 이런 것들을 개선해 나갔다.

군수 목록을 정비하려면 먼저 군수 목록을 한글화하고 표준 가격을 매겨야 했다. 이는 국방 관리 회계 제도의 기초 자료를 만드는 일이었다.

군수국장 유재호 소장이 부임하여 국방 예산 개혁 과제를 국방부 장관에게 보고할 때였다. 나는 일요일에 출근하여 군수국장의 장관 보고 내용을 미리 받아서 장관 공관으로 향했다.

"장관님, 군수국장 보고는 퇴자를 놓으십시오. 군수 목록 54만 가지 한글화 작업이 빠졌습니다."

월요일에 나는 군수국장이 국방부 장관에게 보고하는 자리에 배석하였다. 보고를 모두 받고 난 장관은

"군수국장은 야전에서 일하여 야전은 잘 알지만 국방부 내용은 잘 모르는 것 같다. 다시 보고하라."고 하였다. 군수국장은 나의 방

으로 찾아왔다.

"어떻게 하면 좋은가?"

"국장님이 왜 다 하려고 하십니까? 군수 목록 54만 가지의 한글화 작업은 조달본부에 지침을 내려 주십시오."

조달본부에 지침이 하달되었다. 조달본부장 이창구 소장은 나에게 전화하여 "엄청나서 못하겠다."라고 하였다.

나는 영어로 된 군수 목록을 장관에게 보고하면서 "이창구 장군에게 직접 지시하여 주십시오."라고 말씀을 드렸다. 장관은 즉석에서 전화로 조달본부장을 대고 "군수 목록은 중요한 것이니 빨리 한글화 하고, 표준 가격을 매겨라."라고 지시하였다.

이창구 장군이 나의 방으로 찾아왔다.

"어떻게 하면 되겠는가?"

"아니, 외주를 주면 될 것 아닙니까. 예산이 필요한 것은 신청하세요."라고 알려 주었다.

나중에 1억이 소요된다고 하여 재정국장 강용석 씨에게 군에 필수예산이니 예산 지원을 받고 모든 군수 목록이 한글화되고 표준가격이 산정되어서 전국 사단 전산실에 입력되었다. 이로써 비용분석과 수리부속 등의 재고 자산이 파악되게 되었다.

그 때 나는, 우리 군이 고정된 업무를 수행할 수 있으나 새로운 문제가 생기면 그것을 풀지 못하는 사실을 보고 안타까웠다. 문제에 부딪히면 그 구체적인 요령까지 알려 주어야 움직였다.

육해공군의 전산화를 시작

1983년에 전산병 1,000여 명을 모집해 군 전산화를 시작했다. 육해공군의 전산화는 그때 시작해서 지금의 기틀을 마련한 것이다.

육해공군 총장들이 국방부에 모여서 회의하는 자리에서 나는 "우리가 산업혁명의 물결을 몰라서 3류 국가가 됐습니다. 우리가 지금 정보화 시대의 물결을 모르면 대한민국은 또 3류 국가가 될 것입니다." 라고 하며 국군의 전산화를 계속 강조했다. 육해공군의 전산화는 그때 시작해서 지금의 기틀을 마련했다.

기초 자산의 파악

전투력의 극대화를 목표로 하는 우리 군은 각급 부대가 보유하고 있는 각종 자산 즉 자원의 효과적인 사용에 의해서 임무를 달성하게 되는 것으로써 가능한 자원의 현황을 파악하지 못하고는 목표 지향적인 지휘 관리가 불가능한 것이며, 국가 관리가 자원 관리 측면을 강조하는 이유도 여기에 있는 것이다.

지금까지 우리 군은 보유 자산을 병과별로 혹은 자산의 성질별로 품목별 관리자에게 의해서 각각 상이한 기준에 따라 파악함으로써, 지휘관을 중심으로 한 부대 임무 대행과 관련한 총체적인 관리가 불가능한 실정이었다. 따라서 국방 관리 회계 제도 기초 작업으로 부대 보유 자산을 통일된 기준 및 절차에 의해서 파악함으로써, 다음과 같은 목적을 달성하게 된다.

첫째, 국방 관리 회계 제도 시행을 위해서는 부대가 보유하고 있는 자산을 정확하게 파악하는 것이 시초가 되며, 자산 상태에 따른 운영유지비 소요를 판단하고 운영 성과를 측정한다.

둘째, 부대지휘관이 자기 소관의 전 자산에 대한 규모의 질적 상태를 정확히 파악함으로써, 업무 수행에 필요한 자원의 적정 규모와 교차 소요 등을 판단하고, 기업가 정신으로 가계 살림 개념에 의한 부대 관리 책임을 인식하게 된다.

셋째, 부대별 보유 자산의 과부족 상태를 종합분석 함으로써, 계획 수립 및 예산 편성 주변 계획 및 장비 도태 계획 등의 정책 수립에 반영하고 전력 고유 제기의 기초 자료로 활용한다.

자산 파악 대상은 부대 보유의 전 자산이며, 화폐 가치로 평가하여 총괄적 자산 관리가 가능하도록 하여야 한다. 자원 관리 단위 부대에서 파악되는 보유 자산 현황은 대차 대조표로 작성되어 관리 회계의 기초가 된다.

나는 육군의 보유 자산 파악 회의에 참석하였다. 당시 군수 참모부장 정순열 소장은 창군 이래 몇 번 시험해도 못하였고, 10년이 걸린다고 보고하고, 당시 오자복 참모차장은 우선 시작하자 하여 전군이 자산을 파악하게 된 것이다.

회계 업무 전산화 – 장비관리 정비

장비 유지비 관리 상태는 1986년도 장비 유지비가 6,276억 원으로써, 이 중 30%인 2,000억 원은 외화로 구매되고 있으므로 중요한 관리 대상이 되고 있는데도 48만 여 품목에 대한 야전 요구를 집계 후 예산 요구함으로써 품목 과다로 불명확하여 재고 누적과 예산 사장의 요인이 되어 왔다. 예컨대, 86년 대차 대조표 분석 결과, 보급 저장품의 초과 재고는 약 4,000억 원에 달함으로써 이를 입증하고 있다.

따라서, 장비 유지비 관리 방법을 개선하기 위하여 주요 고가 장비 및 유지비 다액 소요 장비 638종을 선정, 지금까지의 48만 종 수리부속별 편성에서 638종의 장비별 편성으로 개선하였다. 그리고 선정된 장비 유지비는 전체 장비 유지비의 95% 이상을 점유하는 장비로써, 이를 개별 사용 장비, 모델별 관리 장비, 모듬별 관리 장비로 구분 관리하여, 부대 사용실적에 의한 실용성 있는 비용 기준을 산출할 수 있도록 함으로써, 최적 소요 반영으로 재고 누적 요인을 원천적으로 배제할 수 있게 하였다.

선정된 비용 분석 대상 장비 중 (가) 개별 관리 장비 35종은 항공기, 함정, 나이키 등 주요 고가 장비로서, 단위 부대별 유지비 사용 실적 자료를 국방부에서 분석하여 개별비용계수를 산출토록 하며, (나) 모델 별 관리 장비는 화포, 전차, 차량 등 305종으로 장비 모델별, 경과연수별로 관리되며, 부대에서 축적된 유지비 사용 실적에 대한 비용 분석을 통하여 비용 계수가 산출된다. (다) 모둠 별 관리 장비는 소화기, 무전기, 트레라 등 298종으로, 장비 유지 수량은 많으나 유지비가 소액이고 경과 연수별 유지비 변동 폭이 적은 장비로써, 경과 연수에 관계없이 보유 대수에 대한 평균 유지비를 산출토록 하였다.

또한 장비 관리 업무 통합은, 관리 회계 제도 시행 이후에도 기존의 자원 관리 업무를 부분적으로 중복 시행함으로써 부대 행정 부담이 과중하여 일원화되도록 추진하고 있으며, 통합대상 업무는 육군의 장비 기록 관리 제도(TAMMS), 해군의 장비 기록 전산 제도(MDS), 공군의 장비 기록 관리 제도(MDCS)와 자금 관리 비교 평가 제도 등이다.

따라서 유사 업무가 통합되면 일관성 있는 장비 관리 업무의 추진은 물론, 기존의 수작업 문서는 전산 출력 문서로 대체됨으로써 사무 자동화가 촉진될 것이다.

비용 분석

비용 분석은 비용 관리 단위 부대의 관리 회계 자료를 토대로 자원 사용 실적을 분석 처리하여 국방 표준 비용을 산출함으로써, 국방 자원의 적정 배분 기준과 사무 성과에 대한 평가 기준을 제공하는 한편, 비용 대 효과 분석을 통한 주요 국방 업무의 효과적인 수행을 위한 최적 대업의 선정 근거를 제공하는 업무 체계이다.

(1) 적정 자원 배분 기준 설정 : 인력, 장비, 물자, 시설 등으로 부대 운영에 필요한 적정 자원 배분 기준을 제시함으로써 정확한 소요

측정으로 국방 자원의 효과적인 운 영통제 및 자원의 사장화를 방지하게 한다.

(2) 자원의 효과적인 운영을 위한 가치 분석 기준 제공 : 국방 사업 선정에 있어서 비용 대 효과 분석을 통한 최적 대안 선정 기준을 제공하고 효과적인 사업 대행 방안을 제시하여 자원 낭비를 사전에 제거할 수 있는 기능을 갖는다.

비용 분석은 최종 소비 부대의 소모 실적 보고에 의거 작성된 관리 회계 보고서를 근거로 이루어지며, 각 군 본부 비용 분석 기능 부서에서는 관련 회계 자료를 종합, 분석하고 국방부 관리 정보 담당관은 표준 비용을 개발하게 한다.

정보화 사회 진입에 군이 선도

국방 관리에 있어서 무엇보다 중요한 것은 제한된 자원을 합리적으로 분배하고 이를 효율적으로 사용하여 전력을 극대화하는 것이며, 막대한 국방 조직의 자율적 업무 통제가 가능하도록 제도를 설정하고, 관련 업무 체계를 일관성 있게 정비하는 일이다.

그러나 우리 군은 군원이 종식되고 자주 국방 체제로 전환된 이후 합리적인 국방 관리를 위한 노력을 경주하여 왔으나 선진 제도의 외형적인 모방과 부분적이고 단편적인 개선만을 시도함으로써, 많은 시행 착오와 자원의 낭비만을 경험하였다. 따라서 국방 관리를 근원적으로 개선하기 위한 국방 예산 개혁을 추진한 결과, 선진화된 국방 기획 관리 제도를 확립하게 되었으며, 특히 국방 예산 개혁의 핵심이 되는 국방 관리 회계 제도를 86년부터 시행하게 됨으로써 부대 자원을 전산 체계에 의하여 합리적으로 관리할 수 있게 되었다.

국방 관리 회계 제도는 부대 자원을 총괄적으로 관리하여 자원의 적정 규모를 유지함으로써, 운영유지비의 효율적 운영을 도모하고, 자원 사용 실적에 의한 부대 운영 성과 분석으로 자원의 시장화 및 낭비를 예방하며, 축적된 사실 비용 자료에 의한 표준 비용을 산출, 계획 수립 및 예산 편성에 적용함으로써, 국방 자원을 합리적으로 분배하고 모든 자원 사용 결과를 공개하여 각급 지휘관 및 관리자의 효율적 자원 관리를 촉진함으로써 종래의 계획 예산 제도(PPBS)에 집행(E)과 평가(E)기능을 제도적으로 보장하여 예산 개혁 목표인 국방 자원 관리의 합리적 체계화(PPBEES : Planning, Programming, Budgeting, Executing, Evaluation)를 달성하게 되었다.

이는 각종 물자를 직접 사용하는 전 장병들에게 새로운 주인 정신을 갖게 하고 각급 지휘관들은 기업가적 정신으로 부대 자원을 관리할 수 있게 하며, 지금까지 수작업으로 처리하던 모든 자원 관리 업무는 국방 관리 회계 제도 시행과 단위 부대로부터 국방부에 이르는 전산망 구성 운영으로 업무 자동화가 추진되고, 일원화된 보고체계가 확립되며, 군의 과학화는 물론, 합리적인 국방 관리로 방위력 증강을 촉진하게 되며, 국가가 지향하는 정보화 사회 진입에 군이 선도적으로 크게 기여하였다.

절충 교역 제도를 시행

절충 교역 제도가 있다. 한국이 미군에서 무기를 1억불 어치를 수입하면 미국은 한국에서 5000만 불 어치 수입한다는 원칙이다. 이런 절충 교역은 무역이다. 나는 국방부 예산 개혁을 하면서 절충 교역 제도를 만들어서 1983년부터 시행했다.

그 같은 절충 교역 제도를 통해 1983년부터 2010까지 14,666백만 불(17조 6천억 원) 규모의 수출을 할 수 있었다.

내가 예편을 하고 국방대학원에서 보수 교육을 받으면서 삼성 항공에 갔다. 마침 미국 군인들이 사용할 헬리콥터 부품을 조립하고 있었다. 미국이 한국에 무기를 판 뒤 한국에서 수입해 갈 물품이 없으니까 헬리콥터 설계를 우리나라에 줘서 미국이 쓸 물품을 한국이 제작하는 것이었다. 그런 것을 미국이 한국에 줄 리가 없었다. 내가 군에서 씨를 뿌린 일이 결실을 보는 듯해서 가슴이 뿌듯했다. 바로 그런 절충 교역을 내가 만들었던 것이다. 그런 절충 교역 제도도 국방부 예산 개혁의 과제로서 했던 나의 업무였다.

국방부 예산 개혁이 제도로 완성되면 돈의 흐름이 전산으로 정리된다. 따라서 부정부패를 할 수 없게 만든다.

미국을 비롯한 선진국들은 물자 절약이 곧 애국이라고 알고 절약을 잘하는 부대가 최고라고 생각한다. 그런데 대한민국 국군은 물자 절약에 대한 개념이 없었다. 한 마디로 관리부재였다.

선진국의 국방 5개년 계획

1985년에 나는 미국 · 프랑스 · 독일 · 스페인을 방문하였다.

프랑스 같은 선진국은 국방 5개년 계획을 국민들에게 모두 공개한다. 민간인들이 나서서 무기 개발을 한다. 민간인들이 무기를 개발한 뒤 국방부에서 채택해 주기를 기다린다. 그런데 한국은 반대다. 한국은 ADD(국방과학 연구소)에서만 무기를 개발하고 있다. 국민들이 공개적으로 개발하는 것과 특정 기관에서 비밀리에 개발하는 것 중에 어느 쪽이 더 좋겠는가? 국방을 완전히 개방하면 국민들 사이에서 공감대를 얻는다. 그러나 한국은 개방을 안 하기 때문에 군인들이 어떻게 움직이는지 국민들이 알 수 없다. 국민과 군 사이에 갭이 많이 생길 수밖에 없다. 국방 예산을 개방해야 부정도 사라질 것이다.

국민 세금으로 운영되는 국방부를 국민에게 공개하는 것은 타당하다고 생각한다. 나는 귀국해서 그 같은 건의를 했지만 소용이 없었다. 왜 공개를 안 하느냐고 묻자, 이북 때문에 안 한다고 했다. 그러나 내 생각은 다르다. 북한 때문에 공개해야 한다는 것이 나의 생각이다. 북한은 남한 국방비의 1/10도 못 쓰고 있다. 북한이 있기 때문에 한국의 국방비를 공개해야 한다.

프랑스는 민간에서 87%를 개발하고 국방부가 채택하고 있다. 한국은 87%를 국방부 산하에서 개발하고 나머지 13% 정도만 민간에서 합작하는 수준이다. 미국 모든 무기 체계를 민간인이 주도하고 있다.

선진국과 한국의 차이는 바로 시스템 차이이다. 시스템이 제대로 잘 돌아가면 이게 선진국이고 이게 안 되면 후진국이다.

미국 국방성 방문

나는 선진국의 국방 자원 관리 기법을 연구할 목적으로 1985년에 미국 국방성을 방문했다. 미국 국방성은 국방 5개년 계획 등 군사 기밀사항을 모두 공개하고 PM 측 연구개발 사항만 못 보게 하였다. 미국 국방성에서 PPBE 체계를 수립하였는데, 이는 대한민국의 국방 체계 개발에 많은 참고가 되었다.

미국 국방성에서 나의 파트너는 아태 차관보였다. 나는 그에게 한국의 '일화인삼차'를 선물하였다. 그런데 차관보는 자신의 책상 서랍을 열더니 '일화인삼차'를 꺼내는 것이 아닌가. 내가 준비해 간 선물이 소홀했는가 싶어서 워싱턴 DC에서 한국식 갈비를 제의하여 그에게 예의를 갖출 수 있었다.

▲ 동아시아 차관보와 함께

"미국은 워싱턴을 비롯한 여러 지역에서 일하는 사람은 흑인들이어서 흑인이 없으면 미국은 어려워지겠다."

내가 말하자 아태 차관보는,

"그렇다."라고 하면서 "아무래도 흑인은 백인과 같을 수 없다."라고 하고 "미국에서 흑인이 대통령이 되려면 앞으로 50년 이내에는 어려울 것이다."라고 했다. 그러나 그 후 23년여 만에 오바마 흑인 대통령이 탄생하였다.

이후 서독국방부를 방문하였다. 모든 선진기법을 보고받고 나는 분석국장에게 '독일은 언제 통일되는가?'하고 물었다. 그는 한국이 통일되고 2년후에 통일된다고 답변했다. 얼마나 여유있는 답변인가?

우리나라 현실은 어떠한가? 극좌다, 극우다하며 자신들이 애국자인 것처럼 착각하고 통일을 방해하는 존재임을 망각하고 있다.

캐나다 국민들의 애국 충정

나는 캐나다를 방문했다. 캐나다 수도에 있는 12층 건물의 국회의사당이 이채로웠다. 좀 높다 싶었는데, 그 도시에는 국회의사당보다 높은 건물은 지을 수 없다고 했다.

캐나다 국회의사당 12층 꼭대기에는 영현탑이 있었다. 영현탑을 참배하던 나는 그곳에 문서가 매일 한 장씩 넘겨지고 있는 것을 목격했다. 조국을 위해 산화한 영현에 대한 기록을 매일 한 장 한 장

넘기면서 그 문서에 기재된 이름들을 자손들이 기억하게 하고,

"오늘은 우리의 조상 ○○○ 님이 조국을 위해 목숨을 바친 날입니다."라고 하며 영현들을 추모했다.

그 모습을 지켜보며 나는 감동을 받았다. 조국을 위해 목숨을 바친 사람들을 잊지 않고 모든 국민들에게 애국충정을 갖도록 하는 제도가 아닐 수 없었다.

특히 한국 전쟁에 참전했다가 사망한 519명의 영현탑은 캐나다 수도의 가장 중심에 세워져 있고 그 명단이 보존되어 있었다. 우리나라처럼 말로만 애국을 하고 실재가 없는 안타까운 현실이 부끄럽게 느껴졌다. 캐나다에서 귀국한 나는 원호처장, 보안사령관 등을 만나는 자리에서 캐나다의 제도를 소개하고, 그 같은 제도를 우리나라에도 만들자고 애써 제안했지만 다들 흘려들을 뿐이었다. 한심했다.

감사원 국방부 검열

1985년에 미국 방문을 마치고 귀국했을 때 감사원에서 조사를 나왔다. 감사를 받는데, 당시 국방부 윤성민 장관과 감사원장 황영시 장군의 사이가 안 좋았다. 감사원장이 담당감사 과장에게, 국방 예산 개혁에 대해서 철저히 조사하라고 지시를 했던 것이다. 감사 과장은 국방부에 도착하자마자 국방부 예산 개혁에 대해서 보고하라고 했다. 내가 상세히 보고를 했다.

"과연 대통령 표창 감이다."

보고를 듣고 감사과장이 칭찬할 정도로 잘 되어 있었다. 그의 호언에도 불구하고 대통령 표창이 안 나왔다.

"예산 개혁 위원회에 대통령 표창을 하려 했으나, 50만원 과다 정리해서 못 줬습니다."

나중에 감사실장이 국방부 장관한테 보고했다.

그 보고를 듣고 국방장관이 나에게 물었다.

"50만원 과다 정리가 뭐야?"

"장관님, 저희들 행정비가 50만 원입니다. 저희들은 예산 개혁을 하면서 시도 때도 없이 야근했습니다. 행정비 50만 원으로 야근비로 사용하고 있습니다. 그때그때 영수증 처리 않고 50만 원을 한 장으로 정리한 것입니다."

"……."

"저희들은 행정비 50만 원 중에 한 푼도 개인적으로 사용하지 않았습니다."

국방부를 흔들어 놓을 줄 알았던 감사과장이 국방부를 오히려 칭찬하자 황영시 감사원장은 그때부터 감사과장을 미워하기 시작했다는 소문이 돌았다. 그 일로 감사원 추 과장은 고생을 많이 하였는데, 황영시 감사원장이 퇴임한 후 사무차장까지 승진하고 퇴직하였다. 나도 퇴직하고 그분을 모시고 식사를 대접하였다.

3

군에서 예편하다

군에서 예편하다

김진영 장군의 충고

나중에 참모총장까지 진급한 김진영 장군이 대구에서 서울로 올라오면서 나를 걱정해 주었다.

"아무리 잘 하더라도 여러 사람이 죽이겠다고 하면 죽는다. 그러니까 조심하세요."

장군 진급시기가 되어 관계 참모인 인사참모부를 방문했다.

낭시 인사 참모부장이 고명승 장군이었다. 왜 당신이 여기 왔느냐고 문전박대를 했다. 진급심사하기 전이었다.

내가 장군으로 진급한 직후에 엘리베이터에서 인사 참모부장을 만났다.

"홍성제, 세던데 ……."

그가 나를 보며 빙그레 웃었다.

"장군 진급이 됐으니 이제 일반 출신 육사 출신이 따로 없다. 장군이 되면 똑같다."

고마운 말씀이었다. 처음에 문전박대할 때는 기분이 나빴지만 그렇게 격려를 해 주니 마음이 풀렸다. 장관에게 결재 받으러 갔더니, 농담을 했다.

"홍 장군은 담배꽁초 하나 안 사고 진급됐지?"

내가 누구에게 부탁해서 진급하지 않았다고 하는 말이었다.

내가 국방 예산 개혁을 성공적으로 추진할 수 있었던 것은 윤성민 국방장관의 절대적인 믿음 때문이었다. 나는 윤 장관에게 이런 말을 하였다.

"세종대왕께서 6진(함경남북도)을 개척한 뒤 '나(세종대왕)만 있고 김종서가 없어도 이 일은 안 되고, 김종서가 있고 내가 없어도 이 일은 안 되었다.'라고 했습니다. 국방 예산 개혁도 마찬가지입니다. 윤성민 장관이 있고 내가 없으면 안 되고, 윤성민 장관이 없고 나만 있어도 안 될 일이었습니다."

국방 예산 개혁의 모든 공을 윤성민 장관에게 드린다.

국방부에 꼭 필요한 인재

나는 1985년에 장군으로 진급했다. 나의 진급을 앞두고 전두환 대통령에게 보고를 했다고 나중에 전해 들었다.

"홍성제 대령이 지금 진급 대상자입니다. 홍 대령은 국방부 예산 개혁에 꼭 필요한 인재입니다. 이번에 진급시켜야 하겠습니다."

그 자리에서 전두환 대통령이 나의 장군 진급을 수락했다.

꿈에 이천검을 받고

내가 장군이 될 때 아내가 꿈을 꾸었다. 아내는 꿈에서 만국기가 펄럭이고 있었다고 했다. 나 또한 장군 진급을 앞두고 꿈을 꾸었다. 꿈에 육사 16기 출신 대령 두 사람이 땅을 파고 있었다. 박희태 대령과 이근호 대령이었다. 두 사람은 진급 대상자였다.

"너희들 여기서 뭐하냐?"

내가 두 사람에게 물었다.

"백사를 찾는다."

나는 말리지 않고 두 사람이 땅 파는 것을 지켜보았다. 그때 낯선 한 사람이 나타나서 나에게 보따리를 건네주었다. 보따리에는 백사와 검이 들어 있었다. 검의 이름은 '이천검'이었다. 그 검은 권력을 상징했다. 권한이 있어야 개혁을 할 수 있고, 권한이 없으면 개혁을 할 수 없는데, 이천검을 나에게 주었다는 것은 권한을 준다는 암시를 하는 듯했다.

국방부 예산 개혁 마무리 희망

내가 예편할 때는 오자복 장관이 국방부 장관으로 부임했다.

"제가 2년만 더 계속하면 국방부 예산 개혁을 마무리 짓겠습니다."

오자복 장관은 이 일을 국방부 차관에게 의논했다. 그때 국방부 차관은 신치구씨였다.

"홍성제 장군을 진급시키면 안 됩니다." 그는 각 국장들의 말만 믿고 나의 진급을 반대하였다.

국방부 장관이 나를 신임했지만 나는 그때 진급이 안 되어 예편을 했다.

나는 대령 때 2년 동안 국방부 예산 개혁을 담당하고, 장군으로 진급한 뒤에 4년 동안 그 일을 계속했다. 그러니까 6년 동안을 국방부 개혁을 한 셈이다.

큰아들의 육사 지망

예편을 앞두고 무엇보다 아이들의 학비가 걱정되었다. 큰아들이 고3일 때였다.

"너 어느 대학에 갈 생각이냐?"

"육사에 가고 싶습니다."

육사에 가겠다는 대답을 듣고 나는 학비 걱정은 덜게 되었구나, 하고 안심이 되었다.

공부보다 인간이 먼저다

큰아들은 밤에 불을 켜놓고 잠을 자는 버릇이 있었다. 나는 그 버릇을 고쳐주고 싶어서,

"너, 다음부터 불 켜고 자면 목욕탕에서 물 끼얹겠다."라고 말하고 각서를 받았다. 그런 일이 있고 며칠 지난 12월 30일 밤에 큰아들이 또 불 켜고 잠을 자는 것이 아닌가. 그날 밤에 나는 아들을 깨워서 찬물을 몸에 끼얹었다.

다음날 아침에 밥 먹을 때였다.

"고3 수험생한테 기합 주는 집은 우리 집밖에 없어요."

▲ 정원에서 가족과 함께

"나는 너 공부 잘하길 바라지 않아. 인간이 되어야 해."

나는 마음에 있는 말을 했다.

말 한 마디의 신비한 힘

1989년에 예편을 앞두고 나는 1군 사령관 정호근 대장에게 인사차 전화했다.

"사령관님, 제가 곧 예편합니다."

"예편하기 전에 1군을 방문해 줘. 1군에서 의장 행사를 해 주겠다."

그때 큰아들은 육군사관학교에 합격하여 입교하려고 대기 중이었다. 그 아들과 작은 아들을 데리고 1군을 방문했다. 의장 행사를 마치고 사령관을 면접하는 자리에서 무심하게 내가 얘기했다.

"사령관님, 금년 3월에는 아마 합참의장으로 영전하실 겁니다."

그 말이 씨가 되었던지, 정호근 대장은 그해 3월에 합참의장이 됐다. 사람의 말이 얼마나 신비한 힘을 가지는지 그때 깨달았다.

사회복지 단체에 임야 5만 730평 기증

1989년에 준장으로 예편할 때 퇴직금으로 횡성의 임야를 사들였다. 횡성군 갑천면 전촌리에서 14명의 사람들로부터 사들인 그 임야는 내가 피와 땀으로 보낸 33년의 군복무의 결실이라 할 수 있다.

그런 5만730평의 임야를 나는 사회복지 법인 〈연꽃마을〉에 기증하였다.

나는 육군대학 과정을 수학할 때, 일요일에는 청계산 청계사에서 공부를 하였다. 그때 청계사 주지 스님이 각현 스님이었다. 그 스님은 당시에도 사회사업의 꿈을 품고 있었다. 각현 스님은 대만에서 5년 동안 수학하고 법주사 주지로 있으면서 우리나라에서 가장 큰 청동대불을 완성하고 걸망만 지고 길을 나서서 〈연꽃마을〉을 시작하였다. 청동대불을 완성시킬 때 많은 노고를 하였는데, 이빨 3개가 우수수 쏟아졌다는 말도 하였다.

부처님의 인연으로 나와 김각현 스님(연꽃마을 대표)는 예전부터 알고 있었다. 하지만 그 스님이 이처럼 좋은 사회사업을 하신다는 걸 나중에 알고 가만히 있을 수 없었다. 조금이나마 도움이 되었으면 하는 마음으로 기증하게 되었다. 내가 그 땅을 가지고 있다고 죽을 때 가져갈 것도 아니고 사회사업에 기증해서 더 나은 곳에 활용하는 것이 좋아서다. 그리고 이런 사업은 평생 하는 것이다. 나 개인의 재산보다는 모두의 재산이 되는 것이 불교계의 발전 면에서도 국가발전 면에서도 좋은 것이다.

군에서 예편한 직후에 아내와 설악산 대청봉에 올랐다가 내려오는데 그 땅을 사회에 기증할 생각이 문득 들었다. 그 땅을 한 개인의 소유물로 만들어 쓴들 무슨 소용이랴 하는 생각이었다. 인간도 이 지구에서 동물에 불과하고, 수만 년이 지나도록 있는 땅을 '네 꺼', '내 꺼'라고 소유를 따지는 것이 헛된 짓이라는 깨달음이었다.

자식에게 물려주는 것도 어떤 측면에선 좋다고 할 수 있겠지만 그래도 다 소용 없다고 생각되었다. 땅은 영원한 우주의 일부이기 때문이다.

아내는 "가꾸고 일궈야 되는 땅인데 연꽃마을에 일거리만 주는 것이 아닐까요?"라고 만류하기도 했다. 그러나 나의 생각에는 그런 일거리조차도 연꽃마을에는 조금이나마 도움이 되고 활기찬 윤활유가 되리라고 판단했다.

평소에 가족과 뷔페식당에 한 번 가 본 적 없는 검소한 아버지이지만, 집안에서는 근엄하고 자상한 아버지로 회사에선 인자한 상사로 살고자 했고, 나 한 사람만을 위해서가 아닌 이웃과 사회 전체를 돌보는 사람으로 자리하고 싶었다.

옛말에 가난은 하늘도 못 막는다고 했다. 국가도 어느 정도는 사회사업을 해야겠지만 그것으로는 역부족이다. 이젠 종교계가 나서야 한다. 특히 불교계가 활발히 나서야 될 때이다.

그 모델로 연꽃마을은 선구자이다. 그리고 많은 사람들이 돕고 싶어도 몰라서 못하는 경우도 많다. 그런 점에선 홍보활동도 활발히 꾸준히 해야 한다.

어릴 때부터 주위의 불우한 이웃을 나는 그냥 지나치지 못했다. 내가 사회에 공헌할 기회를 준 연꽃마을에 감사한다.

서초구청에 소각장 건의

예편한 나는 매일 아침 6시에 일어나서 우면산으로 갔다. 우면산에 쓰레기가 많았다. 나는 매일 산에 올라가 쓰레기를 줍기 시작했다. 하루도 빠지지 않고 청소를 하는 나를 넝마주이로 아는 사람도 많았다. 그렇게 주워 모은 쓰레기를 우면산 입구에 쌓았더니 제법 많았다. 나는 구청장에게 전화를 걸었다.

"쓰레기를 쌓아놓으니까 소각장을 하나 만들어주십시오."

나의 건의를 수용하여 서초구청에서 소각장을 하나 만들었다. 눈이 오나 비가 오나 1년 동안 모은 쓰레기가 수십 트럭 분량이 되었다.

개미떼 앞에서 기도

사람들이 산에서 음식을 먹고 음식쓰레기를 치우지 않고 그냥 하산하면 그 자리에 개미떼가 새카맣게 모여들었다. 한 번은 쓰레기를 치우는데, 음식쓰레기에 개미떼가 새까맣게 알을 까고 자리를 잡았다. 쓰레기를 치우면 개미들이 모두 죽을 것만 같았다. 쓰레기를 치우던 손을 멈추고 나는 마음으로 기도를 드렸다. 그리고 개미들을 향해

"내가 내일 올 테니 그때까지 부디 떠나다오."

라고 마음으로 빌었다. 다음날 우면산의 그 자리에 올라갔더니, 개미들이 어디론가 사라지고 안 보였다. 참 신기했다.

우면산 청소 1년

우면산 쓰레기를 청소하며 1년 남짓 지낸 하루는 갑종 장교 동기생 정규준씨가 연락을 해왔다. 청와대 수송과장이던 그는 나를 보더니, "얼굴이 좋아졌다."라고 했다.

"다른 친구들은 예편하면 기가 죽는데 자네는 기가 완전히 살아난 것 같아."

청와대 경호실장이 예편한 장군들에게 취업 자리를 결정할 때였다. 나는 예편 1년 만에 청와대 경호실장을 만났다.

"홍 장군 만나니 오늘 참으로 기분이 좋다. 다른 장성들은 나를 찾아올 때 경직돼서 오는데 홍 장군은 그런 기색이 전혀 안 보이거든. 홍 장군은 내가 책임질 테니 걱정하지 마."

노태우 대통령 때였다. 청와대 경호실장을 만나고 2주 쯤 지나 윤성민 장관을 만났다. 윤 장관은 당시 방직협회 회장이었다.

"재향군인회에 취업하지. 그곳 회장이 내 말을 잘 듣거든."

윤성민 회장이 나에게 제안했다.

"장관님, 저는 재향군인회에 가고 싶지 않습니다. 왜냐하면 군대에서 벗어났는데 또 군인들 속으로 가고 싶지 않아요."

"그럼 어떡하려고 그래?"

"건설부 권영각 장관한테 전화나 걸어주십시오."

내 말을 듣고 그 자리에서 윤성민 회장이 건설부 장관에게 전화를 걸었다.

"홍성제 장군은 능력도 있고 의리도 있어요. 그냥 놀리기 아까운 사람이에요."

"동감입니다. 홍성제 장군은 제가 책임지겠습니다."

청와대 경호실장이 나의 취업은 책임지겠다고 했는데, 이번에는 건설부 장관도 나를 책임지겠다고 했다.

그해 연말에 경호실장 이현우씨가 나에게 전화를 했다.

"홍성제 장군은 건설공제조합 감사로 결정됐어."

"고맙습니다."

나의 거취가 결정되었다는 소식을 듣고 권영각 장관의 집을 방문했다. 권 장군은 경호실장에게,

"건설공제조합은 돈이 많으니 경리장군 출신을 쓰는 게 어떻습니까?"라고 물었다고 했다. 그러자 경호실장이 대답했다.

"장관님이 데리고 있던 홍성제 장군이 있잖습니까? 홍성제를 쓰시죠."

대통령에게 보고하고 나는 건설공제조합에 부임했다.

일하는 사람과 일 안 하는 사람

건설공제조합에서 월급을 받아보니 육군 장군이 받는 월급의 2배나 되었다. 어느 조직이든 그 조직을 위해서 일 하는 사람이 있고 일을 안 하는 사람이 있는 법이었다. 건설공제조합도 마찬가지였다.

업무 절차상 최종적으로 사장이 결재한 다음에 감사가 결재를 하게 되어 있었다.

“이번에 골프장 부지를 매입하기로 했습니다. 감사님, 결재하시지요.”

골프장 부지를 산다면서 담당 부장이 189억 원을 지출하는 결재서류를 들고 나타났다.

“계약금만 189억 원이군요. 저는 이 서류에 사인을 못하겠습니다.”

업자들과 사전에 짜고 결정한 일에 내가 사인을 할 수 없었다. 기획이사는 선배 장군 출신이었다. 그가 “건설공제조합은 사장 책임제요.”라고 나를 회유했지만 나는 사인을 안 하고 서류를 돌려보냈다. 얼마 안 있으니까 총무이사가 왔다.

“아, 저기 그거 사인을 해 주시지 왜 그러세요?”

나는 총무이사에게 내 입장을 밝혔다.

“제가 사인을 안 하는 것은 그만한 이유가 있습니다. 이 부지가 과연 골프장으로 허가가 날 수 있는지 확인한 서류가 없지 않습니까. 그걸 첨부해서 오면 사인을 하겠습니다.”

그냥 무턱대고 골프장 만들겠다고 해도 사인을 해 주는 그런 부실한 서류는 있을 수 없다고 분명히 뜻을 밝혔다. 내가 계속 버텼더니, 골프장 허가 여부를 조합 측에서 확인했다. 그런데 뜻밖의 결과가 발견되었다. 즉 그 부지는 상수원 보호구역 지점이어서 골프장으로 허가를 받기가 불가능하다고 했다. 아찔한 순간이었다. 하마터면 189억 원이 한 순간에 날아갈 뻔 했다.

건설업계의 전산화

건설공제조합은 전산화가 안 되어 있었다. 나는 국방부에서 전산화를 했던 경험을 활용하여 건설공제조합의 전산화를 주도했다.

"공제조합도 전산화를 해야 원가 절감을 할 수 있습니다."

건설공제조합 전산화를 위해, 내가 국방부 전산실장으로 근무할 때 데리고 있던 이기남 중령을 전산부장으로 영입했다. 그 같은 사실이 알려지자 노동조합이 보이콧을 하고 나섰다. 소위 '군바리'가 어떻다고 하면서 노동조합이 전산부장 인사에 결사반대했다. 나는 유능한 인재를 추천했는데 그런 내 순수한 마음이 왜곡당하는 듯해서 서운했다. 한국의 건설업계를 위해 건설업체들의 전산화를 실현하겠다는 의욕이 한 순간에 주춤했다.

하루는 총무부장과 이사장이 나를 불렀다.

"감사님 어떡합니까? 노동조합이 저렇게 반대하니 이기남 중령의 인사를 취소하면 어떻겠어요?"

"지금은 저희 조합의 전산화를 정착시켜야 할 시기입니다. 그렇지 않으면 전산화는 요원합니다. 이사장님이 이미 사인을 했으니 같이 물러나시지요."

두 사람은 더 이상 반대하지 못했다. 그리하여 이기남 중령이 전산부장으로 자리를 잡을 수 있었다. 그는 나의 기대를 저버리지 않고 건설업계의 전산화를 정착시켰다. 그리하여 지금은 누가 어떤 장소에 무슨 일을 하는 지 알 수 있는 시스템을 갖추었다.

건설공제조합은 건설 업체들이 주체였다. 건설 업체들이 모여서 조합을 만들었기 때문이다. 그런데 조합에서는 자기들이 주체라고 잘못 생각하고 있었다.

국방장관의 제의

육군 준장으로 예편하고 1년 남짓 쉬다가 건설공제조합 감사로 근무할 때였다. 3월 6일에 큰아들이 육사 졸업을 했다. 졸업식에 참석했는데 권영해 국방부 장관이 대통령을 맞이하려고 교문 앞에 나와 있었다. 나는 권영해 장관에게 다가갔다.

"홍 장군, 나 좀 도와줘."라고 했다. 국방부로 돌아오라는 뜻이었다.

나는 거절했다.

훗날 정치에 입문한 내가 국회의원 선거에 낙선하고 권영해 장관을 만났더니,

"내가 안기부장으로 있을 때 보니 홍 장군이 이번에 국회의원으로 당선되기 어려울 것 같아요. 그때 국방부 기획관리실장으로 왔으면 못해도 국방부 차관까지 승진했을 것이오. 이게 무슨 고생이오."라며 권영해 장관이 나를 걱정해 주었다.

아내와 나의 달콤한 추억

▲ 결혼 전 아내와 함께

위문편지가 맺어준 인연

100군수에 소속되어 있던 나는 1966년에 월남 전쟁에 파월되었다가 1967년에 귀국했다.

월남에 있던 하루는 조흥은행 여직원들이 우리 부대로 위문편지를 보냈다. 나는 그 위문편지를 병사들에게 나눠 주기 전에 개봉하여 읽어보았다. 먼저 읽고 나눠주나 그냥 나눠주나 마찬가지였다. 위문편지 100여 통의 내용이 거의 비슷했다. 하나같이 저축을 권장하는 편지들뿐이었다. 은행 여직원들이 마지못해 쓴 편지에는 전장에서 목숨을 걸고 분투하는 병사들을 걱정하는 애틋한 마음이나 무슨 정성 같은 것은 눈을 씻고 찾아봐도 안 느껴졌다. 그런 류의

▲ 이화여자대학교 학창시절

억지 위문편지를 받아 보고 은행에 저축을 할 병사는 한 사람도 없을 듯했다. 은행 상관의 지시를 받고 마지못해 쓴 편지들을 읽어본 나는 씁쓸하기까지 했다. 마음이 깃들어 있지 않은 편지들이었다.

편지를 다 읽어본 나는 편지들 중에서 내용이 괜찮고 글씨도 잘 쓴 편지 한 통을 발견했다. 그것은 뜻밖의 소득이 아닐 수 없었다. 나는 그 편지 한 통을 남겨두고 나머지 편지를 다 나눠주었다.

위문편지를 받고 몇 달 만에 나는 귀국하게 되었다.

귀국을 앞두고 나는, 따로 챙겨두었던 위문편지의 주인공에게 답장을 썼다. 귀국하면 만나고 싶다는 내용이었다. 그리고 조흥은행 본점 근처에 있는 다방에서 만나기로 약속을 했다. 처음 만나러 가던 날 동대문 시장에 들러 중고품 코트를 사서 입고 약속 장소로 나갔다.

당시 장교의 월급으로는 멋을 부릴 정도로 여유가 없었다. 뿐만 아니라 월급 타서 멋 부릴 생각은 애초에 하지도 못했다. 그저 동대문 시장에 들러 헌 옷을 파는 가게들을 돌아보고 필요한 옷이 있으면 사곤 했다. 그날도 헌 '스프링 코트'를 사 입고, 약속 장소에 도착했는데 다방 안에 혼자 앉아 있는 여성이 아무도 없었다.

위문편지의 주인공은 친구 두 사람과 함께 나와 있었다. 처음에는 어떤 여성이 위문편지의 주인공인지 알 수 없었다. 그 사이 사진을 서로 본 적도 없이 만났던 것이다. 인사를 나눌 때 자기소개를 하는데,

"제가 편지를 받은 사람이에요."라고 알려 주었다. 그렇게 우리 부부는 서로 첫 인사를 나누고 만나기 시작했다.

귀국하는 짐에 휴지만 가득

전쟁터에서 죽음과 동행하던 나는 무서운 것이 없었다. 대담한 사람이 되어 있었다. 동료들이 곁에서 죽는 것이며, 비참하게 부상을 당한 모습을 보며 살던 나는 예전의 내가 이미 아니었다.

월남전에서 나는 병원 경리과장으로 근무했다. 조국에서 위문단이 오면 팔이 잘라진 병사, 다리 잘린 병사들이 무대로 나와서 노래를 부르기도 했다. 그런 모습을 보며 나는 눈물을 많이 흘렸다. 나라가 가난해서 남들의 전쟁터에 나와서 목숨 잃고 팔 다리 잃은 병사들. 우리는 용병이었다. 우리는 그 전쟁에 나가야 할 아무 의무가

없었다. 돈 벌러 간 젊은 생명들이 다치고 죽는 현장에서 생각하면 생각할수록 기가 막힐 노릇이었다.

그때 월남전에 갔던 사람들은 돈을 벌려고 노력했다. 죽고 다치는 비참한 모습을 보며 나는 돈 벌려는 생각이 그렇게 절실하지는 않았다. 귀국할 때 큰 박스를 두 개 가져왔다. 귀국 수속을 받을 때 내가 가져온 박스를 헌병이 조사했다. 내 박스에는 TV와 냉장고 밖에 없었다. 다른 물건은 아무것도 없었다.

박스를 채울 수가 없어서 휴지를 잔뜩 집어넣었다. 내가 월남에서 경리 장교로 근무한 사실을 알고 내 짐을 이리저리 살펴보았다. 박스를 아무리 조사해도 휴지만 잔뜩 나오니 의아해 했다. 그러더니 한 마디 했다.

"아이고, 귀국해서 식당을 차리시려고 합니까?"

삶과 죽음이 교차하는 현장

나는 월남전에서 글을 많이 썼다. 삶과 죽음이 교차하는 현장에서 느끼는 바가 많았던 것이다. 월남은 국민들이 완전히 단결했기 때문에 어떤 힘에도 쓰러지지 않았다. 불란서도 이기고 미국도 이겼다.

전쟁터의 1년

월남 전선에서도 나는 일기를 썼다.

1968년 5월 일기

전쟁터의 1년은 망각의 흐름 속에 멍청히 서서

느끼지 못한 세월 속 오늘을 맞이하였다.

무엇이든 배우려는 노력보다는

자만이 앞서고 소아를 저버리지 못함을 느낀다.

광활한 평야와 정글 풍부한 자원.

그들의 웃음 속엔 비굴함이 서리고.

자주성 없는 곳엔 무지만이 보인다.

굶주림과 불안을 안고 사는 저 무표정 속을

우리는 결코 방관자가 되어서는 안 되겠다.

지도자의 빈곤은 암투와 부패를 이루고.

세계의 고립 속에서 국민의 눈을 가리는 자세는

결코 민주주의일 수는 없는 것이다.

위선을 부리기보다 민족이 단합할 수 있는

대화가 우선되어야 하겠다.

그리하여 현실의 아픔과 빈곤을 참고

훗날 통일의 영광을 얻어야 하겠다.

월남 전쟁과 한국 경제

미국 군인 한 사람의 월급은 1,300불~1,500불(대위 기준)이던 것으로 기억한다. 대한민국 대위의 월급은 150불이었다. 사실은 대위 봉급은 300불인데 그 중에 150불은 국가에서 떼어가고 나머지 150불이 우리의 월급이었다. 박정희 정부는 그때 월남전 참전의 대가로 한국군 현대화가 이루어졌고, 월남전에 참전한 군인들은 봉급의 절반을 세금으로 내었으니 한국 경제발전에 참으로 큰 공을 세운 것이다. 당시는 나라 살림이 어렵고 군인 생활이 너무 어려워서 우리는 목숨을 담보로 월남전에 지원해야 하는 실정이었다. 나는 귀국해서 중앙경리단에 근무하면서 우린 데이트를 하기 시작했다. 처가는 군인이 없는 집안이었기 때문에 결혼을 엄청 반대하셨다. 그러나 당사자들끼리 좋아하면, 할 수 없는 노릇이었다.

결혼 비용은 수중에 10만 원뿐이었다. 월남전에서 수당을 모아 화곡동에 택지 80평을 구입하고 남은 돈이었다. 나는 아내에게 10만 원을 주었다. 그 돈으로 결혼식장과 식대 모두 부담하라고 했다. 그리고 결혼 전날 함을 가져가는 것은 내가 혼자 직접 가져가고 식사를 하고 왔다. 아내에게 반지 하나 해 주지 못하고 결혼한 것이다.

허례허식 배격

나는 나중에 우리 집의 아들딸이 결혼할 때 허례허식을 배격하였는데, 큰 며느리에게 혼수를 아무것도 해오지 말라고 주문했다. 그리고 반지도 해주지 않았다. 큰 며느리가 마침 집을 새로 지으면서 에어컨 하나를 꼭 받아달라고 해서 그것만은 수용했다.

딸 선기도 결혼 비용으로 400만 원을 썼다. TV, 세탁기, 그리고 이부자리와 신혼여행 비용 100만 원을 모두 합하여 400만 원이 든 것이다.

가난한 신혼 부부

아내는 덕성여고 3학년 때는 담임선생이 이화여자대학교 원서를 안 써줬다. 덕성여대 약대에 진학하여 장학금을 받으면서 공부하라고 강력하게 추천했다. 아내는 기어이 이대에 가겠다고 희망하자 담임은 그때서야 마지못해 원서를 써 주었다. 그때 만약 담임선생이 당신의 소신껏 덕성여대로 아내를 진학시켰으면 아내는 약사가 되었을 것이다. 그랬더라면 나와 아내는 만나지 못했을 것이다.

남산 3호 터널 근처 이태원의 군인 아파트가 있었다. 마포 아파트 생기고 두 번째로 생긴 아파트였다. 결혼하면 그 아파트에서 살림을 시작할 생각이었는데, 아내는 그 아파트를 싫어했다. 그런 분위기에서 살림을 하기 힘들다는 것이었다.

당시 나는 아무것도 가진것 없는 무일푼이었다. 그래서 아내는 자기가 가지고 있던 돈으로 천호동에 전세로 방을 얻었다.

나는 소령 진급 예정자가 되어 행정학교에서 교육을 받았다. 수학을 잘하는 아내는 나에게 미적분도 가르쳐 주었다. 가난했지만 하루하루 행복한 나날이었다.

절간에 차린 살림

이태원 군인 아파트는 계급과 상관없이 9평 넓이에 방 2개, 마루와 부엌이 전부였다.

천호동에서 살다가 처남이 병원을 하는 영등포로 이사했다. 애들이 자꾸 아픈 통에 천호동에서 큰 애 낳고 영등포로 이사해서 전세방을 거기서 살았다.

처남이 운영하는 병원 옆에 가서 산다는 이유로 아내는 나에게 구박을 받기도 했다. 나와 처남은 동갑이었다. 자존심이 상한 나는 전세를 내놓고 군인아파트로 들어가려고 신청했다. 그런데 군인아파트는 잘 안 나왔다. 된다, 곧 된다고 하면서 안 해 주었다.

전세방은 이미 뺐는데 군인아파트는 안 나와서 우리 가족은 갈 곳이 없었다. 살림을 군인아파트 창고에 맡기고 절에 들어가 살기로 했다. 절에서 두어 달 살다가 군인아파트로 입주할 수 있었다.

절에 있을 때 큰아들 준기는 걸음마도 못했다. 절에서 고기는 먹을 수도 없었고 장모가 못 사는 딸을 위로해주기 위해 찾아와 모녀가 붙잡고 울곤 했다. 그럴 때면 나의 마음이 어떠했겠는가. 사위가 어려울 때 피해 주셨으면 하고 내심 바랐지만, 그렇지 않은 장모를 볼 때는 야속하기도 했다.

군인 아파트 입주

▲ 군인아파트에서 큰아들 준기와 함께

▲ 준기 어릴 때 파로호에서

군인아파트는 처음부터 입주할 수 없었다. 대기실에 들어가 있다가 배치를 받아야 했다. 대기실은 아주 냉방이고 불도 안 들어왔다. 그런 대기실에서 몇 달 살다가 배치를 받았다.

그때 입주를 담당하는 소령이 있었다. 그는 돈에 매수되어 입주 차례를 어기고 있었다. 나는 용산역의 〈용사의 집〉으로 그를 불러냈다. 3층 방에서 문을 걸어 잠그고,

"야, 너, 죽고 싶어?"라고 호통을 쳤다. 그렇게 하고서야 그가 당장 조치를 하여 우리 가족은 군인아파트에 입주했다.

군인아파트에서 4년 남짓 그곳에 살고, 1974년에 화곡동으로 이사했다. 월남전에 참전하고 귀국하여 화곡동에 사

두었던 땅이 있었는데 그 땅에 집을 짓고 이사했다. 그 집에서 4년 남짓 살고 1978년 6월에 지금 살고 있는 서초동으로 이사했다.

1978년도 화곡동에서 서초동으로 집을 짓고 이사했다. 두번째로 집을 지은 것이다. 서초동집 마당은 화곡동집 마당보단 적었지만 그런대로 정원은 예뻤다.

하루는 우리집 뒷산을 올라갔다가 내려오는데 지하철 2호선이 들어선다고 주민이 감나무를 파고 있었다. 나무가 너무 커서 기계로 옮겨 심었는데 이 감나무가 명물이었다. 나무 자체도 예뻤지만 홍시(감)야말로 당분이 많아 매우 인기가 좋았다.

나의 아이들

군인 출신 대통령이 집권했지만 당시 군인들에 대한 대우는 형편없었다. 신혼살림을 시작한 아내는 시장에서 소기름을 사다가 미역에 띄워서 국을 끓이곤 했다 너도 나도 굉장히 힘들었던 시절, 아내는 결혼 전 차곡차곡 모아두었던 돈을 쓸 수밖에 없었다.

천호동에서 큰아들이 태어나고 군인아파트에서 딸이 태어나고, 화곡동에서 막내가 태어났다. 큰아들 준기는 경끼를 자주 해서 우리 부부의 애를 가장 많이 태웠다. 한번은 4살 때 아내가 곱창을 넣고 전골을 끓였는데, 준기가 먹다가 목에 걸려 아이의 숨이 넘어가려고 했다. 나는 총장실에 있을 때 배운 응급처치법으로 코를 막고 배를 계속 누르니, 그제서야 곱창이 목에서 나오면서 아이가 숨을 쉴 수 있게 되었다. 언제 쓸까 싶었던 응급처치법으로 숨이 막혀 얼굴이 까맣게 변해 가던 내 아이를 구할 수 있었다. 지금 생각해도 아찔한 순간이었다.

내가 예편한 뒤, 건설공제조합 감사로 근무할 때의 월급은 현역 장성보다 훨씬 높았다. 아내는 이제 돈을 좀 모아볼까 기대를 했으나, 나는 곧 직장을 그만두고 정치에 입문했다.

"정치요? 평생 군대에 있던 당신이 정치를 어떻게 한다는 거예요?"

내가 정치를 하겠다고 뜻을 밝혔을 때, 아내는 극구 반대했다.

1996년, 정치에 뛰어든 나는 아내에게 고생을 많이 시켰다. 어떨

▲ 손자, 손녀와 함께

▲ 가족사진

때는 생활비가 떨어지기도 했다. 그러나 아내는 야무지게, 때로는 현명하게 그 위기를 극복해 나갔다.

열만 오르면 경끼를 해서 나를 놀래키던 큰아들은 내가 예편하던 그 해에 육군사관학교를 입학했고, 현재 군인의 길을 가고 있고, 둘째 딸은 이화여자대학교에서 산업디자인을 전공하고, 군인인 사위와 결혼하면서 남편이 미국에서 석박사 과정을 밟는 동안 MFA 학위를 받아, 지금은 모교인 이화여자대학교에서 강의를 하고 있으며, 막내아들은 ROTC로 군복무를 성실히 마치고, 은행에 재직중이다.

예물은 드리지도 받지도 않겠습니다.

나는 아이들을 혼인시킬 때도 허례허식을 삼가했다. 큰아들을 결혼시킬 때 나는 큰 며느리에게 예단이나 혼수를 하지 말라고 얘기했고, 나 역시 반지 하나 해주지 않았다.

딸 선기를 결혼시킬 때도, 상견례 자리에서 나는 분명히 나의 의사를 밝혔다.

"예물은 드리지도 받지도 않겠습니다."

예비 안사돈이 걱정스럽게 말을 꺼냈다.

"그래도 여자들이 모이면 무얼 받았는지 자랑삼아 그런 얘기들이 오갈 텐데요."

"저희가 아이들을 그렇게 키우지 않았습니다."

나는 단호하게 이야기 했다.

막내아들 대기의 결혼말이 오고갈 때 큰아들 준기가 동생(대기)의 결혼은 언제 시키냐고 물어봤다.

"글쎄."라고 대답하였더니

"우리집안은 돈들이고 결혼하는 집안이 아니니 빨리 결혼시키지요."라고 말하였다.

제주의 수난, 삼별초의 저항 정신

항파두리성, 항쟁의 근거지

내 고향 제주도는 고려시대에 '삼별초'가 원의 침략에 맞서 마지막까지 항전하던 저항의 섬이었다.

1270년 몽고와의 강화와 개경 환도에 반대하면서 삼별초가 반란을 일으켰다. 배중손이 지휘하는 삼별초는 강화도에서 진도로 근거지를 옮겨 고려 정부와 몽고에 저항하였다. 주변 섬을 장악하여서 곡식이나 특산물을 싣고 개경으로 가는 배를 침몰시키거나 가로채었다. 이렇게 삼별초의 저항이 계속되자 고려와 몽고는 연합군을 만들어 삼별초의 근거지인 진도를 공격하였다. 이 싸움에서 배중손을 비롯한 많은 삼별초 군인들이 죽었다.

1271년 위기에 몰린 삼별초는 김통정의 지휘 아래 제주로 근거지를 옮기게 되었다. 고려 정부는 삼별초가 제주를 장악하여 투쟁을 계속할 것을 알고 삼별초가 들어오기 전에 먼저 제주에 수비대를 보내 삼별초를 막으려고 하였다. 하지만 제주 사람들은 고려 정부의 군대보다는 삼별초를 도와주었다. 12세기 이후 파견된 지방관들은 제주 사람들을 괴롭히고 무시해서 제주 사람들은 고려 정부를 단지 명령하고 빼앗아 가는 두려운 존재로 생각할 뿐이었기 때문이다. 그런데 고려 정부에 저항하는 삼별초는 자신들처럼 고려 정부에 억압받는 사람들이라고 생각했다. 그래서 제주는 삼별초가 장악하고 항쟁의 기지가 되었다. 제주를 장악한 삼별초는 제주인의 도움을 받으면서 항파두리성을 쌓고 그 곳을 근거지로 항쟁을 계속하였다.

그러나 삼별초의 주둔으로 점점 먹을 것이 부족해지고 성을 쌓는데 너무 힘이 들게 되자 제주인과 삼별초 사이에 갈등이 일어나기 시작하였다. 결국 1273년 여몽연합군의 대대적인 공격으로 삼별초는 크게 패하여 저항의 깃발을 올린 지 4년 만에 진압되고 말았다.

최영 장군의 제주 수복

목호의 난

1273년(원종 14) 원은 탐라의 삼별초를 진압하고, 탐라에 '군민총관부'를 설치하고, '다루가치'를 두어 다스렸다. 즉 1273년 삼별초의 난이 끝나자 원은 제주를 군수 물자를 제공하는 지역으로 삼아 관리를 보내 직접 다스렸다.

그리고 1277년(충렬왕 3)에는 탐라에 목마장을 설치, 목호를 보내어 말을 기르게 하였는데, 이 일은 고려 말까지 계속되었다. 그 뒤 1295년 왕의 교섭으로 제주도가 고려에 귀속되어 목사와 판관을 파견하였다. 목마장은 가끔 원나라가 직접 경영하기도 하였다.

충렬왕 때 탐라가 고려에 다시 귀속되어 고려 목사와 판관이 제주에 왔지만 목마장 관리 등의 이유로 원은 계속 간섭하였다. 자연히 목호들은 힘이 커지고 고려 관리와의 마찰이 많았다. 특히 목호들은 원이 망하고 명이 들어서는 사이의 혼란을 이용하여 고려 관리를 죽이는 사건을 자주 일으켰다.

고민하던 고려 공민왕은 제주의 목호들에게 말 2000 필을 바치라고 요구하였다. 그러자 목호들은 난을 일으켜 말 징발을 거부하였다. 결국 공민왕은 제주를 완전히 장악하기 위해서는 목호들을 없애야 한다고 결론을 내렸다. 그리하여 1394년 최영 장군을 제주 목호 토벌총사령관으로 임명하고 군인 2만 5천 6백여 명, 전함 314척을 거느리게 하여 대대적인 목호 토벌을 실시하였다.

우여곡절을 겪으며 제주에 들어온 고려군은 목호군과 한 달 동안 치열하게 싸운 끝에 목호군을 범섬 앞 바다에서 전멸시키고 고려 왕조는 완전히 제주를 장악하게 되었다.

이로써 몽고의 100년 간 제주 지배는 끝났다. 최영은 1,700필의 말을 확보하지만 수송할 배가 모자라 926필을 싣고 제주를 떠났다.

추자도의 최영 장군 사당

세계 어느나라도 원나라에 40년 항쟁한 나라는 고려뿐이다. 원은 100여 년 동안 제주를 지배했는데, 원의 지배 아래 있던 제주도를 해방시킨 사람은 다름 아닌 최영 장군이었다.

1374년에 제주도를 해방시키려고 제주도로 가던 최영 장군은 바다에서 심한 풍랑을 만나 추자도에 머물며 바람이 잦아들기를 기다리게 되었다. 그 때 최영 장군은 추자도 어민들에게 어망을 만들어 고기 잡는 법을 가르쳤다. 그리하여 생활이 크게 좋아진 추자도 주민들이 최영 장군의 은혜를 기리기 위해 사당을 지었다.

제주도에서 국회의원 선거에 출마한 나는 추자도에 방문하여 최영 장군 사당에 들렀다.

"제가 국회의원이 되면 최영 장군 사당을 제대로 갖추겠습니다."

최영 장군의 영전에서 나는 마음으로 다짐했다.

조선이 통치하던 500년 동안에도 추자도의 최영 장군 사당은 그대로 보존되고, 해마다 제사를 드리고 있으니 얼마나 갸륵한 일인가.

이재수의 난

대원군 때만 해도 천주교는 박해를 받았다. 1886년 한불수호조약과 1896년 교민조약 이후에 천주교는 선교의 자유를 얻고 공세적으로 진출했다. 당시 프랑스 구마슬 신부는 왕이 직접 내린 '여아대(如我待 - 국왕처럼 대우하라)'라는 신표를 지니고 있었다. 완전한 치외 법권과 영사재판권을 가지고 있었던 셈이다. 문제는 프랑스 신부들뿐만 아니라 조선 사람도 천주교로 개종하면 그 같은 특권을 누릴 수 있었다는 사실이다. 이런 이점을 알고 신앙과 무관하게 천주교로 개종하는 사람이 급격히 늘어났다. 1899년에 천주교가 제주에 들어오고 불과 2년 뒤인 1901년에 신도수가 무려 1,300~1,400명을 기록할 정도였다.

천주교 신자가 되면 조선 국민이 아니고 프랑스 국민이 된 것처럼 행동했다. 하느님의 사자가 되었기 때문에 조선 관민들의 저항과 압박을 받지 않는다고도 주장했다. 선교사가 천주교 신자들을 프랑스인처럼 비호하여 폭행과 협박을 일삼기에 이르렀다. 다른 도민에게 빌린 금전의 채무 이행을 단념하게 하고, 때로는 양민을 협박하여 금전과 곡물을 약탈하고, 때로는 부처상을 파괴하고, 삼림을 벌채하고, 양민들의 금전을 쟁탈했다. 몇 년 전에 이혼하고 이미 다른 집에 개가하여 수 명의 아이까지 있는 부녀자가 이전에 자기 아내였으니 돌려보내라고 하고 돌려주지 않으면 보상금을 내놓으라고 하며 금전을 빼앗고 폭행을 했다. 천주교에 가입하면 죽음도 두렵지 않으며 죽으면 곧바로 하느님 곁으로 갈 수 있기 때문에 도리어 죽음을 즐거워한다고도 했다. 선교사는 서구 문명국 사람이기 때문에 제주도 도민들이 아무리 분노해도 어떻게 할 수 없을 것이라고 생각했다.

한편, 1897년 조선은 광무개혁을 통해 대한제국으로 거듭 태어났다. 하지만 개혁을 추진할 돈이 없던 정부는 지방관청에서 징수하여 사용하던 각종 세금을 징수하기 위해 지방관보다 권한이 더 큰 세금 징수관(봉세관)을 각 지방에 파견했다. 이런 제도는 지방 기득권자들의 이권을 곧바로 침해하는 것으로 크게 반발하여 양자 사이에 충돌이 나타나고 그 피해는 백성들에게 고스란히 돌아갔다.

중앙 정부와 지방 세력의 갈등 속에 백성들은 이중으로 수탈을 당했다. 중앙에서 온 세금 징수관은 막강한 권한을 가지고 있었지만 직접 세금을 징수하러 다닐 손발이 없었다. 이때 그 역할을 맡고 나선 자들이 바로 천주교도들이었다. 중앙에서 파견한 세금 징수관과 천주교도가 결탁하여 민중과 대립한 것이다.

그럴수록 민중의 불만이 증폭되었고, 문화적 갈등 또한 커져갔다. 당시 천주교는 서구 우월주의에 빠져 있었다. 천주교도들에게 제주 고유의 샤머니즘은 단지 격파되어야 할 사탄으로 간주할 뿐이었다. 반면에 제주 고유의 신앙세력은 천주교를 종교침략 세력으로 생각했다.

폐단이 누적되자 1901년 5월 초 드디어 대정 지역 사람들이 '상무사'라는 조직을 만들고 민회(民會)를 개최했다. 민회는 제주 목사에게 건의문을 제출하기로 결의했다. 이에 오대현과 강우백을 장두로 세우고 대정을 출발하여 제주읍을 향했다. 제주읍을 향하던 민회 사람들이 명월성에서 묵게 되었다.

그 같은 사실을 알고 천주교 측에서 과잉대응을 하였다. 천주교도들은 1901년 5월 14일 명월성에 묵고 있는 민회를 습격했다. 프랑스 선교사의 직접 지휘 아래 천주교도들은 민회소의 주민들에게 발포를 하고, 장두 오대현 등 여섯 명을 납치해 갔다. 지도자를 제거하면 민중은 곧 오합지졸로 해체되리라 판단했던 것이다. 더 나아가 민회의 본거지인 대정으로 몰려가 총질까지 해댔다. 결국 주민을 살상하기에 이르렀다.

무력 도발과 민중 항쟁

명월성에서 습격을 받은 민중은 분노했다. 더 많은 민중이 민회에 결집하고, 이때부터 이재수가 민중의 지도자로 나섰다.

천주교 측의 무력 도발에 대해 도민들은 무장 항쟁으로 답했다. 본격적인 민란이 시작된 것이다. 장두 오대현이 납치되었기 때문에 지도부의 정비가 필요했고, 이때 등장한 사람이 바로 이재수였다. 이재수의 등장은 중요한 의미를 가진다. 오대현은 향장, 즉 지역의 기득권자였는데 이재수는 관노였다. 민란 지도부의 계급적 성격이 확연히 달라진 것이다. 제주 도민은 이재수에게 적극 호응하였다. 민군이 지날 때는 모든 마을이 호응하여 음식을 제공하였다.

5월 17일 이재수의 민군은 제주성 밖에 진을 쳤다. 그날부터 제주성 성벽을 사이에 두고 공방전이 계속되었다. 팽팽하던 균형은 성내에 있던 비천주교도들에 의해서 깨어졌다. 5월 28일 이들이 이재수의 민군에 호응하여 성문을 열었다. 제주성에 입성한 민군은 관덕정 광장에서 문제의 천주교도들을 직접 처형했다. 이로써 이재수 민군은 제주도를 모두 석권하였다.

6월이 되자 프랑스 군함이 들이닥쳤다. 대한제국의 군대도 파견되어 왔다. 결국 민군의 지도부는 체포되고 백성들은 흩어졌다. 이재수는 1901년 10월 9일에 처형되었다.

당시 항쟁의 전개과정에서 오대현과 강우백은 소극적인 자세를 취했다. 제주성 입성과 천주교도 처형 때에는 더욱 그랬다. 상당히 기회주의적인 모습이었다. 반면 이재수는 단호하게 일을 처리했다. 그러다 보니 제주성 입성 이후에는 이재수의 서진과 오대현의 동진이 사사건건 충돌을 일으킬 정도였다.

비타협적인 투쟁 노선과 온건한 타협 노선 간의 대립은 정부군과의 협상 과정에서도 마찬가지였다. 이러한 과정을 지켜보면서 민중은 사회 모순의 철저한 척결을 내세웠던 이재수를 진정한 장두로 생각했다.

10여 일간의 공방전 끝에 성문이 열리자 민군들은 제주성으로 입성했다. 제주성에 입성한 민군은 먼저 천주교도들을 색출하여 처형하기 시작했다. 관덕정 광장은 그 살육의 현장이었다. 살육은 주로 이재수의 서진에 의해 이뤄졌다. 이 때 죽은 사람이 수백 명에 이르렀다.

관덕정 앞에 방치된 시신들은 처음엔 제주교육대학교 근처 사라봉 밑 언덕에 가매장되어 있었다. 그 시신들은 프랑스의 요구에 의해 당시 제주목사인 홍종우를 통해 지금의 황사평으로 옮겨졌다. 지금의 황사평은 천주교 순교자묘역으로 성역화 되었으며, 일반 천주교 신자들도 묻히는 천주교 공동묘지로 바뀌었다. 이재수의 민군이 진을 쳤던 자리가 지금은 이재수의 민군에 의해 처형된 순교자 묘역이 된 것이다.

현재 천주교는 제주에 학교와 양로원을 세우는 등 제주 사람들의 후생복지 사업에 앞장서는 종교로 정착하였다.

4

홍성제

제주 4·3사건에 어머니와 누님 희생

한라산의 봉화

새벽 2시를 전후해 한라산 중턱 오름마다 봉화가 앞서거니 뒤서거니 붉게 타올랐다. 무장봉기를 알리는 신호탄이었다.

좌익 무장 자위대는 이날 새벽에 제주도의 24개 지서들 가운데 12개 지서를 공격했다. 즉 제1구(제주) 경찰서 관내 화북 · 삼양 · 조천 · 세화 · 외도 · 애월 · 한림 지서와 제2구(서귀포) 경찰서 관내 남원 · 성산포 · 대정 지서 등 12개 지서를 일제히 공격하였다.

급습을 받고 경찰은 교전도 못한 채 무장대가 휘두른 곤봉에 타박상을 당했다. 지서를 습격한 사람들은 유치장에서 피의자들을 풀어주고, 무기를 빼앗아 시가지로 행진하며 총을 난사하고, 경찰 · 서북청년단 숙사와 독립촉성국민회 · 대동청년단 등 우익단체 요인의 집을 습격하였고, 경찰 4명, 민간인 8명, 무장대 2명이 사망했다.

열여덟 살 누님의 목소리

1948년 4월 3일 새벽에 그렇게 봉기한 〈제주 4·3사건〉은 평화롭던 우리 집도 그냥 지나쳐 가지 않았다.

학교에서 담임선생님이 "사회주의자들은 평등을 위해 싸운다."라고 가르쳐 주었다. 그런 교육을 받고 집에 온 나는 누님에게 그날 학교에서 배운 것을 자랑했다.

"누나, 공산주의를 하면 사람들이 평등하다고 해."

"누가 그런 말을 해?"

"학교에서 담임선생님이 그랬어."

바로 그 1948년 12월 12일에 갑자기 집에 불이 붙었다. 동네가 아수라장으로 바뀌었다. 우리 가족은 동네에 있는 밭으로 달아나 자세를 낮추고 숨었다. 집에서 정신없이 뛰쳐나오느라고 그때까지 나는 맨발이었다. 누님은 자기가 신고 있던 검정 고무신을 벗어서 나에게 건네주며 나더러 신으라고 했다. 나는 누님에게 신발을 돌려주었다. 막내를 품에 안은 어머니와 형, 누님과 내가 숨을 죽이고 돌담 밑 밭에 숨어서 보니, 동네가 불타고 있었다. 그때 어디선가 나타난 무장대원 두 명이 우리들에게 달려오는 것이 아닌가.

"애들아, 어서 달아나라."

무장대를 가장 먼저 발견한 어머니가 우리더러 도망가라고 소리쳤다. 형이 먼저 뛰고, 나도 따라 뛰고, 누님도 뛰었다. 그런데 등 뒤에서 비명 소리가 들렸다. 뛰면서 돌아보니, 어머니가 등에 죽창에 찔린 채 쓰러지고 있었다.

어머니의 비명을 듣고 놀라서 누님은 걸음을 멈추면서 뒤를 돌아다보았다. 바로 그 순간에 죽창이 누님의 가슴을 찔렀다. 어머니는 막내를 품에 안은 채 등에 죽창을 일곱 번 맞으면서 앞으로 쓰러졌다. 무장대원은 누님의 가슴에 죽창을 한 번 더 찌르더니, 이번에는 나와 형을 향해 죽창을 들고 달려왔다.

나와 형은 다시 달아나기 시작했다. 제주도 밭에는 가장자리에 돌담을 쌓아 바람을 막고 있는데, 나는 밭 끄트머리의 돌담 바로 앞까지 순식간에 다다랐다. 그리고는 내 키 정도 높이의 돌담을 한 번에 훌쩍 뛰어넘었다. 형도 돌담을 한 번에 뛰어넘어 달아났다. 아주 위급한 상황에서 사람의 힘이 몇 배 더 솟구치는 것을 그때 알았다. 평소에는 엄두도 못 냈을 그 돌담을 한 번에 훌쩍 넘어서 달아나자, 무장대원 두 사람은 그 담을 넘어오지 못하여 우리를 더 이상 따라오지 못했다.

어머니는 막내를 가슴에 안고 앞으로 쓰러져서 죽창을 등에 맞는 바람에 천만다행으로 목숨을 건질 수 있었다. 그러나 어머니가 죽창에 찔리는 소리에 놀라며 뒤로 돌아서던 누님은 가슴에 죽창을 두 번이나 찔리면서 현장에서 절명하였다. 내가 맨발로 밭에 서 있는 모습을 알고 자기 신발을 벗어 주던 누님의 목소리는 내가 기억하는 열여덟 살 누님의 마지막 목소리가 되고 말았다.

제주도의 눈물

비극의 현장에서 목숨을 건진 나는 논산훈련소에 이등병으로 입대(1957년)하며 제주도에서 떠났다가 장군으로 진급(1985년)하고 명예롭게 예편(1989년)하여 정치에 입문(1996년)하려고 고향 제주도로 돌아왔다. 소년의 가슴으로 품었던 그리운 하늘과 땅과 바다는 예나 지금이나 의구한 그대로 그 자리에 있었다. 굶주림과 가난의 기억을 뒤로하고 관광과 평화의 아름다운 섬으로 다시 태어난 제주도에 이르러 나는 격세지감을 느끼곤 했다. 겉으로 보면 더없이 평화롭고 아름다운 고향이지만, 한 걸음만 다가서면 눈물과 한이 묻어났다.

무엇보다도 세월이 많이 흘렀건만 해결이 안 되고 있는 〈제주 4·3사건〉이 나를 슬프게 했다. 피해자들은 자신들이 왜 그토록 엄청난 고통을 겪어야 했는지 그 고통의 정체를 모르는 듯하고, 가해자들은 가해자들대로 변명에 변명을 덧씌우며 그때그때 임기응변을 할 뿐이었다.

나는 〈제주 4·3사건〉의 현장에서 사랑하는 누님이 절명하는 순간을 목격했고, 그 죽음의 자리에서 구사일생으로 살아남은 한 사람으로서, 그리고 일생을 국군으로 살아온 군인으로서 50년 전의 그 사건을 돌아보기 시작했다.

1948년 4월 3일 새벽 2시에 미군정의 경찰서 등을 습격한 무장봉기는 복합적이고 누적된 전사(前史)의 한 기폭점에 불과했다. 아울러, 이날 새벽 이후 6년 6개월 이상 계속된 사건의 진행 또한 일관

적이기 보다는 그 성격과 양상을 가름하는 몇 고비의 중요한 변화를 보여주었다. 따라서 〈제주도 4·3사건〉을 이해하려면 이 사건의 전개과정에 주목할 필요가 있다.

<3·1절 기념 시위>와 <제주 4·3사건>

1947년 3월 1일 제주북초등학교에서 3·1절 기념 제주도대회가 열렸다. 3만여 명의 인파가 몰려들어 인산인해를 이룬 기념식을 마친 제주 도민들은 3·1정신 계승과 외세 배격, 통일 독립 쟁취 등의 구호를 외치며 시가행진을 시작하였다. 그러던 중 제주북초등학교에서 관덕정으로 가는 도로 모퉁이에서 어린이가 기마대의 말발굽에 치이는 사고가 발생하였다.

뜻밖의 사고로 인해 군중심리가 더욱 자극되자 시위는 걷잡을 수 없는 상황이 되었다. 시위대는 "경찰이 어린아이를 죽였다."라고 외치며 대치하고 있던 경찰의 바리케이드로 향했다.

그때 제주도청(옛 제주경찰서) 쪽에서 총소리가 나면서 일대는 아수라장으로 변했다. 이에 낭황한 경찰들이 시위대에게 총격을 가하면서 사상자가 발생하였다.

경찰의 발포로 민간인 6명이 숨지고, 6명이 중상을 입은 3·1절 기념 시위 사건으로 제주 도민 전체 직장인의 95% 이상이 대규모 민 · 관 총파업에 참여하였다. 비로소 사태의 심각성을 파악한 미군정에서 제주 지역에 조사단을 파견한 결과, 총파업이 경찰 발포에 대한 도민의 반감과 이를 증폭시킨 남노당의 선동에 있다고 결론지었다.

미군정은 사후 처리 당시 경찰의 발포보다는 남노당의 선동에 비중을 둔 강공 정책을 추진하였다. 제주도지사를 비롯한 군정 수뇌부들은 모두 외지인으로 교체되고, 응원 경찰과 서북청년단 단원 등을 대거 제주 지역으로 파견해 파업 주모자에 대한 검거 작전을 전개하였다.

검속을 시작한 한 달 동안 500여 명이 체포되고, 1년 동안 2,500여 명이 구금되었다. 그러는 사이 서북청년단은 제주에서 온갖 테러와 횡포를 일삼아 민심을 자극하고, 구금자에 대한 경찰의 고문이 잇따랐다. 급기야 1948년 3월에는 일선 지서에서 3건의 고문치사 사건이 발생하자 제주는 폭풍전야의 위기 상황이 되고, 결국 〈제주 4·3사건〉으로 이어졌다.

1947년 〈3·1절 기념 시위〉는 결국 〈제주 4·3사건〉으로 이어지는 도화선이 되었다.

제주 4·3사건의 전말

4월 3일 봉기와 미군정

미군정과 경찰 수뇌부는 제주도 토벌의 명분을 찾기 위해 '제주 폭동은 외부의 사주에 의한 것'이라고 주장했다. 제주 비상 경비 사령관의 자격으로 4월 5일 제주에 온 김정호 경무부 공안국장은 당시 사건의 윤곽조차 제대로 파악되지 않은 상태인데도 부임 첫마디에 "나는 이번 폭동 사건은 제주 도민의 주동으로 일어난 것이 아니고 육지부에서 침입한 악질 불량도배들의 협박 위협에 의해 야기"되었다고 주장했다. 심지어 김정호 사령관은 4월 28일 귀경, 서울에서 가진 기자회견에서 "반도를 체포 해다가 문초하여 보면 대개 백정들로, 좌익계열에서는 일부 잔학한 살인을 감행하기 위하여 남조선 각지로부터 백정을 모집해 제1선에서 경찰관과 그 가족, 선거위원 등을 살해하는 도구로 쓰는 형편"이라고 터무니없는 낭설을 유포했다.

딘 군정장관마저 5월 5일 제주 시찰 직후 "제주도 외에서 온 공산 분자들이 일부 청년을 오도하여 산에 가서 폭동을 일으켜 관리와 선거를 지지하는 자들을 위협 살해하고 있다."며 외지인들의 선동에 의해 폭동이라고 발언하였다. 조병옥 경무부장은 한술 더 떠서 국제 공산주의와의 연계를 운운하였다.

그러나 제주도의 현지 사정에 밝은 사람들은 당시에도 이 같은 외부와의 연계설을 부인하였다. 그 대표적인 사람이 당시 경무부 공보실장의 직책까지 가졌던 김대봉이다. 김대봉은 제주감찰청장도 역임한 바 있는 제주 출신 고위 경찰간부인데, 그는 제주 현지 시찰을 마친 뒤 5월 5일 귀경해 기자 회견을 가지면서 이렇게 말했다.

"이번 폭동에 팔로군이 참가하였다느니 기관총을 가지고 있느니 하는 풍설이 있었으나, 그것은 전연 낭설이고 폭도들은 주로 제주도민이고, 그 수효는 약 300~400명으로 추축 되고 있다."

제주 출신 홍한표가 1948년 8월 초 《신천지》에 기고한 〈동란의 제주도 이모저모〉에서도 "현재까지 알려진 것은 북조선이니 팔로군의 원조와 지휘를 받느니 하던 초기의 풍문은 허설이 되어가고 있다."고 말하고 있다.

한편 〈제주도 4·3사건〉 당시 모슬포에 주둔한 경비대(9연대)의 김익렬 연대장의 현실 인식 또한 미군정이나 경찰 수뇌부의 주장과 사뭇 달랐다.

"맨스필드 대령(미군정의 제주도 책임자)은 자신을 포함한 우리 3인(맨스필드 대령, 김익렬 중령, 드루스 대위)이 당면하고 있는 난처한 문제들을 설명하고 자기 심정을 솔직히 털어놓았다. 그 중에서도 가장 중요한 문제는 나로서는(김익렬) 생각지도 못하던 국제 정치 문제였다. 당시 UN은 UN의 감시 하에 남북한 동시 총선거를 실시하여 한국을 독립시키자는 결의안을 채택했지만 북한은 이 안을 거절하였고, 남한은 1948년 5월에 총선거를 실시하게 되어 있었다. 이를 반대하여 소련은 4월 UN에서 '2차 대전 후 미 · 소 양군의 점령지역 내에서 소련 점령지역의 주민들은 평화롭기만 한 반면 미군 점령 하에 있는 지역에서는 국민에 대한 미군의 폭정에 대항해 주민들이 각지에서 폭동과 반란을 일으키고 있다. 그 좋은 예가 제주도의 폭동사건이다'라는 내용의 성명을 발표, 미국 정부를 국제적 선전무대에서 비난한다는 것이었다. 이렇게 되자 미국 정부는 한국에 있는 딘 장군을 문책하고 조속한 시일 내에 폭도를 진압하라는 명령을 내렸다는 것이다. 제주도 폭동사건은 이와 같이 한국의 독립 문제와 직결되어 있으므로 내(김익렬)가 책임지고 조속한 시일 내에 진압하라는 것이었다. 그리고 소련의 공산주의 선전을 봉쇄하기 위하여 제주도 폭동 사건을 '공산주의자들의 선동에 의한 반란'으로 규정지어야 된다고 했다. 나는 이에 대해 그러한 것은 정치적인 차원에서 결정할 문제이고, 그것이 공산 폭동이냐 일반 민중의 폭동이냐 하는 것은 진압 작전에는 하등의 영향을 미치지 않는 문제이며, 더구나 그런 문제들은 나의 책임 소관 이외라고 답변했다."

김익렬 연대장의 증언에서 알 수 있듯이, 미국은 소련의 공산주의 선전을 봉쇄할 목적으로 〈제주 4·3사건〉을 '공산주의자들의 선동에 의한 반란'으로 규정했고, 소련은 〈제주 4·3사건〉을 〈미군정의 폭정에 대항해 주민들이 일으킨 폭동〉이라고 규정했다.

4·28 평화 협상

4월 3일 첫 무장봉기가 있고 25일이 경과한 1948년 4월 28일 정오. 경비대 김익렬 연대장은, 모슬포 연대본부에서 장병들을 사열한 다음 무장대와 협상을 위해 지프에 올랐다. 지프에는 정보주임 이윤락 중위와 운전병, 그리고 민간인으로 초대 제주도지사를 지낸 박경훈이 동승하였다.

모슬포를 떠난 지프는 산길 도로를 따라 한라산 쪽으로 향했다. 무장대 쪽에서 지정한 방향으로 향하다 보니 연대 본부에서 15㎞ 가량 떨어진 중산간 마을에 이르렀다. 그 때 소를 몰고 가던 한 목동이 갑자기 소를 길 가운데로 몰아 지프를 가로막았다. 차가 멈추었다. 목동은 정중히 인사하며,

"연대장이냐?"고 물었다.

"그렇다."고 대답하자 목동은 황색기를 흔들며 어디론가 신호를 보냈다. 그리고 곧 목동은,

"저쪽 초등학교로 가라."고 안내했다.

목동이 알려 준 학교는 구억초등학교였다. 학교에서 모슬포의 연대본부가 빤히 내려다보였다. 학교에서 500여 명의 무장대가, 김익렬 연대장 일행이 운동장에 들어서는 모습을 바라보았다. 무장대는 무표정하고 굳은 얼굴이었다. 무장대의 대부분은 농민 · 청년 남녀이고, 여자가 과반수가 될 듯했다. 무기는 미제 카빈이 많고, 일부는 일본의 99식 소총이었다. 모두 합해서 200여 명은 무기를 들고, 나머지는 비무장 맨손이었다.

김익렬 일행은 7평 남짓한 다다밋방으로 안내됐다. 햇빛이 잘 드는 방의 중앙에 예쁘장한 테이블이 하나 놓여 있었다. 무장대 5~6명이 일행을 맞이했다. 그 사람들 사이에서 군계일학 같은 수려한 미모에 키 170cm 쯤 되는 청년이 나섰다. 대표자 김달삼이었다. 또박또박한 서울 말씨였다.

"앉으시오. 내가 대표자요. 김달삼이라고 하오."

당시 김 중령은 27살, 김달삼은 25살이었다.

김달삼은 남로당 제주도당의 강경파의 대표적인 인물이었다. 대정중 교사였던 그는 1947년 3·1사건 때 남로당 대정면 조직부장으로 도당에 총파업을 건의하였고, 그 후 노당 조직부 차장, 조직부장으로 급부상했다. 무장투쟁이 결정된 다음에는 유격대 조직을 총괄하는 군사부 책임을 맡고 있었다. 나이 어린 김달삼이 이처럼 부상한 데에는 남로당 중앙위원이자 선전부장이었던 장인 강문석의 후광이 어느 정도 작용했다는 분석도 있다.

"당신이 진짜 김달삼이고 실권자냐?"

"왜 그런 말을 하느냐?"

"하도 미남이고 영화배우 같아 내가 상상하던 살인을 하는 무시무시한 사람 같지 않다."

김달삼은 미소만 지었고, 나머지 사람들은 폭소를 터뜨렸다.

두 사람은 한 시간 가량 탐색전을 했다. 차도 마시고 담배도 피우면서 탐색을 위한 잡담으로 이야기를 시작했다.

회담장에는 연대장 김익렬 중령과 정보주임 이윤락 중위, 그리고 무장대 측 총책 김달삼과 참모 1명 등 모두 4명이 탁자를 가운데 두고 자리를 같이 했다. 네 사람의 협상은 주로 김익렬과 김달삼의 대담 형식으로 진행됐다.

"산에서 의식주나 통신 등 불편이 많겠다."

"그렇지 않다. 만사가 OK다."

"부상자도 많을 텐데 의료품을 도와줄 수도 있다. 당신네들은 병원도 없으니 치료가 잘 안 될 것이 아니냐."

"그런 걱정 안 해도 된다. 우리는 총을 맞아도 된장 바르면 잘 나을 수 있다. 싸우다 총 맞는 것은 대수롭지 않다. 된장 바르니 잘 낫더라."

"왜 이렇게 우리 동족끼리 피를 흘려야 하느냐."

"우리도 이렇게 하고 싶어서 하는 줄 아느냐. 우리가 어디 사는 것이냐. 자고 나면 경찰이나 서청이 와서 다 빼앗아가고 해서 못 사니까, 우리가 자위권을 발동하여 산에 올라온 것이 아니냐."

"경비대가 아직까지 당신들을 토벌치 않은 이유를 아는가?"

“그것은 군대가 우리의 궐기동기를 이해하여 우리에게 동정과 호의를 갖고 있기 때문에 상부에서도 토벌명령을 내리지 못하고 있는 것이 아니냐.”

“군대는 개인의 뜻에 상관없이 명령만 내리면 복종하고 전투를 해야 한다. 만일 오늘 회담이 결렬되면 다음번에는 당신과 전투장에서 만나게 되는 것이 아닌가. 당신들이 경찰과 교전하는 것을 지켜보았다. 3다의 제주도에서 돌담을 끼고 사격전을 벌이면 한쪽에 피해가 많고 토벌에는 효력이 없는 것을 알았다. 나는 돌담이 많은 제주도에서는 박격포가 제일 좋은 무기인 줄 깨달았다. 그래서 상부에 신청을 했더니 박격포부대를 보내 주겠다기에 지금 기다리고 있는 중이다.”

순간 김달삼의 표정이 굳어졌다. 당시 9연대는 물론이거니와 경비대 총사령부에도 박격포는 단 1문도 없었다. 물론 박격포부대가 내도할 것이라는 김 연대장의 말은 엄포용이었다.

탐색전으로 어느 정도 분위기가 풀리자 김달삼이 회중시계를 꺼내놓고 “자, 얘기를 정식으로 합시다.”고 회담을 독촉, 본격적인 담판에 들어갔다. 김달삼이 먼저 김 연대장에게 회담 권한 자격 문제를 따졌다.

“당신은 미군정 하의 조선인 군인이다. 나와의 교섭결과에 대하여 어느 정도의 약속이행 권한이 있는가?”

“연대장이 개인자격으로 이런 회담에 나올 권한은 없는 법이다. 나는 미군정 장관의 지시에 따라 왔다. 그러므로 군정장관 딘 소장의 권한을 대표하며, 여기서의 나의 발언이나 결정은 군정장관의 그것이다."

김 연대장이 개인자격이 아니고 미군정의 대표성을 지녔다는 이야기를 듣고 "그러면 회담이 된다."면서 김달삼은 자신도 '제주도 도민 의거자'의 대표로서 전권을 위임받았다고 주장했다. 그런 다음 미리 준비했던 노트의 메모를 보면서 봉기의 정당성을 주장하는 열변을 토했다. 김달삼의 주장은 다음과 같았다.

"우리나라가 민족자주독립을 해야 할 때임에도 불구하고 일제하의 민족반역자인 경찰과 일제의 고관을 지낸 자들이 자기들의 죄상이 드러날까 두려워 미국제국주의자의 주구가 되어 해방된 조국의 제주도에서도 일제시대의 몇 배 되는 압정을 가하고 있으며, 특히 경찰은 무고한 도민의 재산을 약탈하고 살인 · 강간 · 고문치사 등을 일삼고 있다. 그 구체적인 사례들은 얼마든지 있다.

또 만주와 이북에서 일제 때 악질 경찰이나 민족반역자 노릇을 하던 자들이 월남하여 반공애국자 노릇을 하고 있으며, 최근에는 서북청년단을 조직하여 수백 명이 제주도에 와서 경찰과 합세하여 도민의 재산약탈을 자행하고 있다. 그래서 선량한 도민들은 견디다 못해 친일파와 일제시대의 악질 경찰들을 제주도에서 몰아내기 위하여 무장 의거를 일으켰다. 미군정은 이 의거를 수습하기 위해서는 제주도 내에 있는 일제 경찰과 민족반역자 관리들은 축출하고 제주 도민으로 된 경찰과 관리를 채용, 제주 도민을 위한 행정과 치안을 해야 한다. 그렇지 않으면 이리 죽으나 저리 죽으나 매일반이니 최후의 1인까지 사투하여 목적을 달성할 것이다."

김달삼의 열변에 이어 김익렬 중령이 입을 열었다.

"해방이 되고 3년여 동안 나는 미군정 하에서 군인 노릇을 하면서 미국의 자유민주주의를 배웠다. 그런데도 아직까지 민주주의가 무엇인지 도무지 모르겠다. 당신도 마찬가지일 것이다. 그 동안 얼마나 공산주의를 배웠고 얼마나 알겠는가. 똑똑히 알지도 못하는 공산주의니 민주주의니 하면서 아까운 청춘이나 생명을 바치는 일은 죄악이다. 민족의 자주독립이 급선무이니, 무기를 버리고 귀순하여 조국 독립을 위해 합심 노력하자."

김달삼은 김 연대장의 말이 떨어지기가 무섭게 안색을 바꾸고 핏대를 세우며 언성을 높여 말했다.

"나는 연대장은 정의감이 강하고, 선악을 분별력 있는 사람인 줄 알았다. 그런데 민족 반역자나 악질 경찰처럼 자기네 죄상을 은폐하기 위해 아무나 공산주의자라고 덮어씌우듯이 당신도 우리를 공산주의자라고 덮어씌우느냐? 당신이 정말로 그렇게 생각한다면 더 이상 회담을 진행시킬 필요가 없다. 우리는 최후의 1인까지 싸울 것이다. 이젠 믿을 데가 없으니 이북에 연락하고 최후에는 소련의 지원을 의지할 수밖에 없다."

"소련군에 연락할 방법이 있느냐?"

"있고 말고 ……."

김 연대장은 김달삼을 진정시키기 위해서 "당신들이 공산주의자가 아니면 어찌하여 이 어마어마한 유혈폭동을 일으켰느냐?"

고 물었다.

"우리는 공산주의자가 아니다. 우리는 도민을 구출하기 위해 의거한 사람들이다."

김달삼은 재삼 '의거'를 강조했다.

"처음에는 경찰에 구금되어 고문치사 당하는 도민들을 구출하는 것이 목적이었다. 그런데 막상 경찰을 습격하고 보니 경찰이 의외로 무력하고 경찰에 대한 도민의 반감이 의외로 격렬하여 이리 되고 말았다."

"당신들이 진정 공산주의자가 아니라면 회의를 진행하자."

"누가 봉기를 일으키고 싶어서 일으킨 줄 알아? 살기 위해서 한 것이야. 우리 조건을 들어주고 자유롭게 살 수 있게만 해 준다면 당장 집으로 돌아가겠다."

그날 담판에서 공산주의니, 사회주의니 등등의 용어는 여러 차례 나왔으나 김달삼은 공산주의자들이 상투적으로 사용하는 노동대중이니 부르주아니 착취계급이니 하는 언사는 일언반구도 사용하지 않았다. 적어도 김익렬 연대장이 보기에는 김달삼은 사회주의 사상을 논할 만큼 공산주의 이론에 밝지 못한 것으로 보였다. 대화를 하는 동안 그는 공산주의를 위해 폭동을 일으켰다는 말은 단 한 마디도 없었다. 경찰이 도민의 재산을 불법 약탈하고, 고문 치사 · 강간 등을 자행하는 데 항의한 자위 수단으로 봉기했다고 반복해서 강조했다.

김익렬 연대장은 김달삼에게 3개 항의 요구 조건을 차례로 제시했다. 그것은 첫째 전투행위 즉각 중지, 둘째 무장 해제, 셋째 범법자 명단 제출과 즉각 자수로 요약되었다.

첫째 문제는 제주도 전체에 걸쳐 연락하려면 시간이 걸리기 때문에 전투 행위 중지는 72시간 이내에 이루어져야 하고, 기타 산발적인 전투는 연락 미달로 간주하되, 5일 후의 전투는 배신 행위로 단정하기로 잠정합의했다.

두 번째 문제도 먼저 비무장 주민들을 하산시켜 약속이 이행되는가 확인하고 나서 자유와 안전이 보장되면 단계적으로 무장을 해제하되 약속을 불이행하면 즉각 전투에 들어간다는 선에서 합의가 이루어졌다.

그러나 세 번째 조건인 '범법자 명단과 즉각 자수' 대목에 이르자 김달삼은 완강히 버티었다. 그는 이번의 의거가 정당방위이기 때문에 '의거 전투'에서 있었던 일들은 일체 불문에 부쳐야 한다고 주장했다. 김 연대장은 "이유야 어떻든 법치 국가에서 법에 호소하지 않고 살인 방화한 행위는 세계 어느 국가에서도 불법이며, 정당성 여부는 재판을 통해서 가려져야 한다."고 강변했다.

그러나 이 문제에서만은 김달삼도 자신들의 행동이 자위권 성격의 정당 방위였고 합법적 행위라고 주장, 조금도 굽히지 않자 김 연대장은 이 문제만은 나중에 재론하기로 하고 김달삼의 요구조건을 들어보자고 화제를 바꾸었다. 김달삼은 이에 대해 4개항의 요구조건을 내걸었다.

첫째, 단선단정을 획책하는 미군의 철수.

둘째, 악질 경찰과 서청의 추방.

셋째, 제주 도민의 경찰이 편성될 때까지 치안 업무를 경비대가 수행.

넷째, 의거 참여자의 전원 불문.

이에 김익렬 연대장은

"미군 철수 문제는 우리가 다룰 성질의 것이 아니다. 그것은 우리가 할 수 없으나 생명 문제라든가 의식주 문제에 대해서는 최대한 보장하도록 노력하겠다."고 말했다.

김달삼은 다시 경찰과 서청의 추방을 강조했다.

"제주 도민으로 행정과 경찰 업무를 수행하고 반역적인 악질 경찰과 서청을 제주도에서 추방하라."

"돼지를 끌고 간다, 좋은 옷 있으면 탈취해간다 하는 행위는 강도와 같은 짓이다. 그런 사실이 입증되면 처벌하도록 하겠다. 그러나 제주 도민만으로의 행정 · 경찰 구성은 정치적인 문제이지, 군의 소관이 아니다. 그러나 우리 독립 정부가 들어서면 그렇게 되지 않겠는가. 약속한다."

"제주 도민의 경찰이 편성될 때까지 경비대가 치안을 맡고 지금의 경찰을 해체하라."

"이 회담이 성공하면 자연히 경비대가 치안을 맡게 되며 경찰은 나의 지휘를 받게 된다. 따라서 해체할 필요는 없고, 인원을 점차로 개편하겠다."

"의거 참여자를 전원 불문에 부치고 안전과 자유를 보장하라."

"교전 중이 아닌 때 범한 살인 · 방화 행위는 책임을 물어야 하고 그 외에는 전원 불문에 부친다. 군에 귀순하면 생명과 재산 · 안전 · 자유를 보장하겠다. 살인 · 방화를 범한자라도 귀순하면 극형은 면해 준다."

이 문제가 재론되자 회담 당사자인 김익렬과 김달삼은 다시 '선별 불문'과 '완전 불문'을 놓고 팽팽히 맞섰다. 시간은 어느덧 하오 4시 30분 가까이 됐다. 김 연대장이 말했다.

"나는 지금 돌아가야 한다. 내가 5시까지 연대본부에 돌아가지 않으면 나의 부하들은 회담이 결렬되고 내가 당신들에게 살해된 것으로 단정해 보복의 전투가 시작될 것이다. 이렇게 되면 불필요한 오해와 유혈이 발생할 것이니 오늘은 이것으로 일단 휴회를 하고 내일 또 다시 시간을 결정하고 이 장소에서 회담하자."

갑자기 회담장이 긴장되었다. 김달삼은 단호하게 말했다.

"오늘 결말이 안 나면 결렬이다."

"그러면 마지막으로 말하겠다. 범법자 명단을 작성, 책임 한계를 분명히 하되, 명난에 기재된 사람들이 자수를 하든, 도망을 가든 그것은 자유 의사에 맡기겠다. 당신과 지도급들은 중벌을 면하기 힘들 것이다. 그러나 입산자들의 귀순과 무장 해제를 시켜 준다면 합의서에 명문화할 수 없으나 내가 개인 자격으로 배를 마련해서 해외(일본을 말함)나 도외로 탈출할 수 있도록 배려해 주겠다."

김 연대장의 이 제안은 정부의 권위와 대외명분이 지켜진다는 전제 아래 범법자들이 자수하든, 생명이 아깝고 벌이 무서워 해외로 도망가든 말리지 않겠다는 말이었다. 즉 무장대 전원에 대한 무죄 사면이나 다름없었다. 단 표현상으로 정부의 권위만은 세울 필요가 있었던 것이다.

당시 모슬포 항에는 나포된 일본어선 10여 척이 있었다. 그 어선들 가운데 1척을 제공할 용의도 있다는 게 김 연대장의 구상이었다. 김달삼은 김 연대장의 마지막 제안에 호의를 보이면서도 "그러나 귀순과 무장 해제가 끝나고 모든 약속이 준수 · 이행되면 나는 당당히 자수하여 이번 의거의 모든 책임을 질 것이며, 법정에서 이번 행동이 자위를 위한 정당방위였다는 사실과 경찰의 압정과 만행을 만천하에 공표하겠다."고 밝혔다.

평화로 가는 길

김익렬 연대장은 어쨌든 이 사태를 평화적으로 해결하자는 데 뜻을 두고 김달삼을 설득했다. 김 연대장은 최종적으로 김달삼에게 무장을 해제해 무기를 반납하고 양민들을 하산시키면 주모자들이 제주에서 떠날 수 있게 신변을 보장하겠다고 약속했다. 배를 주선해 주겠다고 했다. 물론 이런 안에 대해서 사전에 미군 당국이나 국방경비대 총사령부와 구체적으로 의논했던 사실은 없었다. 다만 무장을 해제시키고 주모자들을 제주에서 격리시키면 더 이상 피를 흘리지 않고 이 사태를 수습할 수 있다고 확신하여 그런 약속을 했다.

여기서 물꼬가 트이기 시작했다. 쌍방은 일단 휴전하자는 데 의견을 모았다. 상부의 승인을 받을 때까지 습격하는 일이 없어야 한다고 약속을 하고, 3가지 조건에 합의를 보았다.

① 72시간 내에 전투를 완전히 중지하되 산발적으로 충돌이 있으면 연락 미달로 간주하고, 5일 이후의 전투는 약속행위의 배신행위로 본다.
② 무장 해제는 점차적으로 하되 약속을 위반하면 즉각 전투를 재개한다.
③ 무장 해제와 하산이 원만히 이뤄지면 주모자들의 신병을 보장한다.

합의된 귀순 절차는 회담 다음 날에 모슬포 연대본부와 제주읍 비행장에 각각 귀순자 수용소를 설치하고 점차적으로 서귀포 · 성산포 등지에도 수용소를 세우되 군이 직접 관리하고 경찰의 출입을 통제한다는 것이었다. 김익렬 연대장은 김달삼에게 이날 회담 결과에 대한 확신을 심어주기 위해 다음과 같이 제안했다.

"오늘의 약속은 나의 생명과 명예를 걸고 이행하도록 힘쓰겠다. 약속이 이행될 때까지 내 가족 전원을 당신들에게 인질로 맡길 수도 있다."

김 연대장의 가족으로 노모와 부인(최재선), 그리고 두 살 난 아들이 9연대 주둔지인 모슬포에 살고 있었다. 김 연대장의 제의에 김달삼은 이렇게 말했다.

"당신은 어머니를 모시고 있는 것으로 알고 있다. 불편한 이곳에서는 노모와 부녀자를 모실 수 없으니, 만약 약속이 이행된다면 내가 지정하는 민가에 이주시키되 주변에 군인이나 경찰은 얼씬하지 말라, 우리가 감시하도록 하겠다."

"좋다. 그렇게 하겠다."

이날 협상은 대체적으로 당면 문제를 평화적으로 해결하자는 데 합의를 보고 끝났다. 장장 네 시간에 걸친 진땀나는 담판이었다.

김 연대장은 모슬포 연대본부에 귀대하여 제주도 군정장관 맨스필드 대령에게 회담결과를 보고하였다. 제주도 군정장관 맨스필드는 김 중령의 보고를 긍정적으로 수용했다. 비록 일시적인 일이었지만 제주도 군정장관의 명령에 따라 경찰은 자체 건물 경비에 치중하고, 그 밖의 지역 전체의 치안 책임은 경비대에 일임되었다.

김 연대장과 김달삼의 담판이 있었던 그날 이후 제주도에서는 대체적으로 총성이 멎었다. 협상 다음 날 연소자와 부녀자 몇 명이 사용 불능의 낡은 총 몇 자루를 가지고 새로 마련된 귀순자 수용소에 찾아왔을 뿐 무장대의 귀순과 무장 해제는 지지 부진이었다. 그러나 군이 이들을 손님 모시듯 잘 보살피고 귀가 희망자는 보내 주었더니, 귀순하려고 하산하는 사람들이 부쩍 늘었다. 연대 병사들도 신이 나서 천막 치는 작업을 즐거이 해냈다.

제주도에 다시 평화가 온 듯했다. 그러나 평화로 가는 길은 순탄하지 않았다.

오라리 방화 사건

휴전 4일째 되는 5월 1일 메이데이. 평화 협상에 결정적인 찬물을 끼얹은 사건이 발생했다. 이른바 〈오라리 방화 사건〉이었다. 제주읍에서 2㎞가량 떨어진 오라리 연미마을에 청년들이 들어와 10여 채의 민가를 불태웠다. 단순한 방화 사건이 아니었다.

협상 당사자 김익렬 연대장은 사건 발생 소식을 듣고 직접 모슬포에서 달려갔다. 현장 조사 결과 경찰의 후원 아래 서청 · 대청 등 우익 청년단체들이 저지른 방화라는 데 심증을 굳히고 조사결과를 미군정에 보고했다. 그런데 미군정은 경비대의 조사 보고를 묵살하고 '폭도들이 자행했다'는 경찰 측의 보고를 수용했다. 뿐만 아니라 미군정은 평화적인 해결 방법을 모색하던 9연대에 초토화의 토벌 명령을 내렸다.

의문은 여기서 그치지 않는다. 평화 회담 다음날 군정장관 딘 소장이 비밀리에 제주를 다녀갔던 사실이 뒤늦게 밝혀지고, 〈오라리 방화 사건〉 현장을 미군 촬영반이 공중과 지상에서 촬영하여 오라리 방화를 '폭도들이 저지른 일'로 조작했다.

결국 〈오라리 방화 사건〉은 미군정과 경찰, 그리고 경비대 사이에 눈에 보이지 않는 높은 벽을 쌓았다. 그리고 초토화 작전 수행을 거부한 김익렬 연대장과 토벌 강행을 주장한 조병옥 경무부장관은 정면충돌한다. 딘 장군은 김익렬 연대장을 해임하고 평화 협상을 결렬시켰다.

딘 소장은 왜, 애써 협상한 평화를 거부하고 제주도에 대한 초토화 작전을 선택했을까? 그 같은 선택은 딘 소장 개인의 선택이었을까?

평화에서 토벌로 선회

9연대와 무장대의 평화 협상(4월 28일)에 찬물을 끼얹은 5월 1일의 〈오라리 방화 사건〉이 발생한 직후의 5월 5일 제주 군정청 회의실에서 최고수뇌회의가 비밀리에 열렸다. 회의 참석자는 모두 9명이었다.

- 군정장관 딘 소장
- 민정장관 안재홍
- 경무부장 조병옥
- 경비대사령관 송호성 준장
- 제주 군정장관 맨스필드 대령
- 제주도지사 유해진
- 경비대 9연대장 김익렬 중령
- 제주 경찰감찰청장 최천
- 딘 장군 전속통역관 김모

미군정 당국의 행정수반이던 딘 장군을 비롯해 군과 경찰의 최고 수뇌부가 회의에 참석한 것이다. 회의의 사회는 맨스필드가 맡았다. 맨스필드 대령은 회의를 시작하면서 "이 회의는 딘 장군의 명에 의하여 참석자 누구든지 자유로이 의견을 말할 수 있으며, 이 회의의 내용은 극비이다. 누설자는 군정 재판에 회부하겠다."고 선언했다.

최천 경찰감찰청장이 먼저 상황 설명을 했다. 그는 〈제주도 4·3사건〉의 원인을 '국제공산주의자들의 사전에 계획한 폭동'이라고 규정하고 대규모 병력을 동원한 군 · 경 합동작전만이 사태를 진압할 수 있다고 강조했다.

김익렬 연대장이 두 번째로 상황 설명을 했다. 김 연대장은, 〈제주도 4·3사건〉의 원인이 복합적인 원인에서 비롯되었다고 지적했다. 아울러, 입산자들이 늘어나는 원인은 경찰의 실책에 기인하고 있다고 주장했다. 그는 이에 대한 대책을 내놓았다.

"적의를 가진 폭도와 일반 민중 동조자를 분리시켜 폭도를 도민으로부터 고립시켜야 합니다. 그러기 위해서는 무력 위압과 선무귀순 공작을 병용하는 작전을 전개해야 합니다. 일방은 회유와 선무를 하며 이에 응하지 않는 자에 한해서 토벌해야 합니다."

계속해서 그는 건의했다.

"작전의 통일성을 기하기 위해 제주경찰을 나의 지휘 하에 있도록 해 주십시오."

김익렬 연대장은 〈오라리 방화 사건〉에서 경찰의 행동을 의심할 만한 물적 증거물과 사진첩을 제시했다. 영문 설명서까지 첨부한 이 사진첩 등은 회의에 앞서 맨스필드 대령과 9연대 고문 드루스 대위가 도군정 본부에 보관하고 있던 것을 상황 설명을 잘하라면서 김익렬 연대장에게 건네 준 것들이었다.

김익렬 제9연대장 해임

뜻밖의 사진첩과 물적 증거물 등이 나오자 최고 수뇌 회의장은 술렁이기 시작했다. 딘 장군은 조병옥 경무부장에게 물었다.

"닥터 조, 이게 어떻게 된 일이오? 당신의 보고내용과 다르지 않소?"

딘 장군의 질책을 듣고 조병옥은 사진첩을 두루 살피면서 당황한 기색을 보이다가 갑자기 단상으로 올라갔다.

"내가 설명하겠소."

조 부장은 서두에 우리말로 인사한 뒤 그 다음부터는 영어로 딘 군정장관에게 설명하기 시작했다. 처음엔 영어로 몇 마디 이야기하고 자신이 통역하는 식으로 전개하다 열기를 띠게 되자 통역도 생략한 채 영어로만 설명해 갔다. 조병옥은 이른바 '통역정부'(군정기간에 영어를 잘하는 사람들이 요직을 맡아 남한 정치를 좌지우지했었음을 빗대어 하는 말)의 대부라고 지칭될 정도로 영어에 능통했다.

조병옥의 설명에 따르면, 김익렬 연대장의 설명은 잘못되었고, 증거물이나 사진첩도 전부 허위조작이며, 경찰에 대한 중상모략이라고 주장하더니 김익렬 연대장을 손가락으로 가리키면서 난데없이 엉뚱한 발언을 했다.

"저기 공산주의 청년이 한 사람 앉아 있소. 나는 오늘 처음으로 국제 공산주의의 조직력이 얼마나 무서운가를 알게 되었소. 서구에서 헝가리와 루미니아, 체코슬로바키아 등지에서 국제 공산주의

자들의 최초에는 민족주의를 앞세우고 각지에서 폭동으로 정부를 전복하고 나중에는 본색을 드러내는 것이 국제 공산주의자들의 상습 수단이오."

안재홍 민정장관과 송호성 총사령관 등은 영어를 모르는 처지여서 멍하니 앉아 있었다. 군사 영어 학교 출신의 김익렬 연대장은 유창하지는 않았지만, 웬만큼은 알아듣고 기본적인 의사를 전달할 수 있는 실력을 갖추고 있었다. 김 연대장은 조 부장의 난데없는 설명에 흥분, "닥쳐라!" 하고 소리 질렀다. 그러나 딘 장군은 이를 저지하면서 "연설을 방해하지 말라."고 명령했다. 조병옥의 말은 계속 이어졌다.

"민족주의 가면을 쓴 청년들이 먼 외국에만 있는 줄 알았더니 현재 우리나라에도 있소. 바로 저 연대장이 그런 청년이오. 우리 경찰의 조사에 의하면 저 청년의 아버지는 국제 공산주의자이며, 소련에서 교육을 받고 현재 이북에서 공산주의 간부로서 열렬히 활약하고 있소. 저자는 자기 부친의 교화를 받고 공산주의자가 되었으며, 자기 부친의 지령에 의하여 행동하고 있는 것이오."

조병옥 부장의 발언은 명백한 거짓말이었다. 김익렬의 고향은 경남 하동이고, 아버지는 그가 다섯 살 때 일찍이 돌아가셨다.

딘 장군은, 조병옥 경무부장이 영어로 연대장의 부친이 공산주의자라고 그럴싸하게 설명하자 깜짝 놀라며, 의심에 찬 눈초리로 김 연대장을 쳐다봤다. 그리고 그 동안 김 연대장을 신뢰하며 음으로 양으로 지원했던 제주도 군정장관 맨스필드 대령도 의외라는 듯

놀란 표정을 지었다. 상황이 급변되었다. 그냥 놔두었다가는 여지 없이 연대장이 공산주의자로 낙인 찍힐 상황이었다.

뷴노한 연대장은 이성을 잃고 자리에서 벌떡 일어나 단상으로 뛰어올라가면서 연설하던 조병옥 경무부장에게 육탄공격을 하였다. 주먹으로 조병옥의 배를 치고 두 손으로 멱살을 잡아 내동댕이치려 하였다. 김익렬은 유도 3단의 실력자였다. 20대 후반 청년의 힘으로 몰아붙였지만 당시 50줄을 넘긴 조병옥도 쉽게 넘어가지 않았다. 단상에서 격투가 벌어졌다. 최천 경찰감찰청장이 뛰어올라와 말리려 했지만 역부족이었다.

딘 장군은 경비대 송호성 총사령관에게 명령했다.

"싸움을 말리시오."

그러나 송 장군은 어찌된 영문인지 단상에 올라갈 생각도 않고 앉은 채로 "이놈 연대장! 손을 놓고 말로 하라."고 소리만 질렀다. 안재홍 민정장관도 "연대장! 손을 놓으시오. 폭행을 멈추시오. 외국 사람들이 우리를 야만인이라고 흉을 보니 어서 손을 놓고 말로 하시오."라고 타이르듯 말할 뿐 단상에 오르지는 않았다.

순식간에 회의장은 난장판이 되었다. 딘 장군은 싸움을 말리지 않고 제자리에 떠들기만 하는 안 장관과 송 장군이 무슨 말을 하느냐고 통역에게 물었다. 그런데 통역관은 조병옥의 편을 들었다. 통역관은 사실을 왜곡하며 엉터리 통역을 했다. 그런 모습을 목격한 김익렬은 더욱 흥분할 수밖에 없었다. 즉 그 통역관은 딘 장군에게 "안 장관과 송 장군이 연대장에게 '너는 공산주의자이며 나쁜 놈'이라고 욕을 하고 있다."고 말하였던 것이다. 화가 치민 김익렬은 조병옥의 멱살을 붙잡은 채로 단 아래로 내려와 통역관을 걷어찼다.

이에 놀란 딘 장군은 급히 회의장 밖으로 나가 경호대기 중인 미군 헌병을 불렀다. 거구의 헌병 등이 들어와 두 사람을 떼어놓고 장내를 정리했다. 2~3분의 침묵이 흘렀다. 딘 장군은 조병옥 부장에게 "단상에 올라가 설명을 계속하라."고 했다. 조 부장은 계속 연대장을 공산주의자라고 몰아붙였다. 김익렬도 이에 고함을 지르며 욕설로 맞섰다. 딘 장군은 연달아 "조용히 하라!"고 명령했다.

그러던 차에 이상한 일이 벌어졌다. 난데없이 안재홍 민정장관이 탁자를 두드리며 울기 시작했다.

"아이고 분하다, 분해! 연대장 참으시오! 이게 다 우리 민족 스스로의 힘으로 해방된 것이 아니고 남의 힘을 빌려서 해방이 된 때문에 이런 억울한 일을 당하는 것이오. 연대장! 참으시오!"

안 민정장관은 더욱 소리 내어 울었다. 방성통곡이었다. 장내는 순식간에 조용해지고 안 장관의 울음소리만 들렸다. 딘 장군은 이런 분위기를 잠시 살피는 듯했다.

"오늘 회의는 이것으로 해산이오."

딘 장군은 큰소리로 명령하고 총총히 회의장 밖으로 나가버렸다. 잠시 후 조 부장이 그 뒤를 따라 나갔다. 회의장에는 안 장관 · 송 장군 · 김 연대장 등 세 사람만 남게 되었다.

김익렬 연대장이 조 부장의 연설 내용을 설명하고 있노라니 비행장으로 직행한 딘 장군으로부터 연락이 왔다. 안 장관, 송 장군은 속히 비행장으로 오라는 전갈이었다. 딘 장군 일행은 그 길로 상경했다. 김익렬 중령이 제9연대장의 자리에서 전격적으로 해임되고 그 후임에 박진경 중령이 발령된 것은 바로 그 다음 날이었다.

김익렬 연대장 해임 직후에 경비대 총사령부는 〈4·28 평화 협상〉에 대한 진상 조사를 했다. 조사 결과 김익렬 연대장의 협상 동기가 분명하다고 밝혀졌다. 김 중령을 대기발령하던 경비대 총사령부는 김 중령을 14연대(여수지구) 연대장으로 발령 조치했다.

미 군정과 조병옥은 강경 진압을 채택하다

제주 9연대장의 지휘관을 김익렬에서 박진경으로 교체한 인사명령은 단순한 의미가 아니었다. 그것은 〈제주 4·3사건〉에 대한 미군정의 정책이 평화에서 토벌로 선회한다는 뜻을 내포했다. 김익렬 중령과 김달삼이 만나 어렵게 모색한 평화 협상이 물거품처럼 사라졌음은 두 말할 것도 없었다.

조병옥 부장이 허위 증언에 딘 소장이 오판을 하여 수만 명의 인명 피해를 입힌 것이며, 미군정과 대한민국 정부가 책임질 일이었다.

딘 장군은 제주 방문 직후 연대장을 교체했을 뿐만 아니라 수원에서 갓 창설된 11연대 1개 대대를 차출, 제주에 파병 명령을 내렸다. 이로써 박진경 연대장은 기존 9연대 1개 대대와 부산 5연대에서 차출된 1개 대대, 그리고 11연대 1개 대대 등 모두 3개 대대 병력을 확보, 본격적인 토벌전에 나섰다.

결국 〈제주 4·3사건〉 직후에 김익렬 중령이 이끄는 국방경비대 9연대의 경우처럼 토벌보다 선무 공작을 앞세우는 목소리는 조병옥을 비롯한 경찰이 강경 진압 요구에 묻혀버렸다.

미군정은 조병옥의 손을 들어주었고, 딘 군정장관은 김익렬을 경질했고 토벌은 강경 진압 작전으로 진행되었다. 제9연대 내에서 토벌을 주저하거나 거부하는 세력이 제거된 뒤에는 토벌대 내부의 마찰은 크게 일어나지 않았다. 대한민국 정부 이후 시작된 초토화 작전에서는 군이 주도하고 경찰이 돕고 서북청년회가 보조하는 식의 역할 분담과 공조 활동이 잘 이루어졌다.

대한민국 정부 수립 이후에도 조병옥의 〈제주 4·3사건〉에 대한 인식은 정부 수립 이후에도 이승만 정권에 그대로 이어지고 있었다.

정부 수립 이후 이승만 정권은 여순 사건을 진압하자 제주에 대대적인 토벌에 들어간다. 이것은 초토화 작전으로 이루어졌다. 극우 세력만 정권에 참여함으로써 기반이 취약했던 이승만 정권에게 있어 남한에서 유일하게 단독 선거를 저지시켰던 제주는 정통성을 가로막는 존재였다. 그러면서도 국제적인 이목 때문에 곤혹감을 드러내지 않은 채 진압해야 할 대상이었다.

박진경 연대장 암살

박 중령은 전임 연대장 김 중령과는 달랐다. 부대원들을 직접 독려하며 토벌 작전을 활발하게 전개했다. 이런 적극적인 토벌전은 옥석을 가리지 못한 채 무고한 사람들을 희생시키는 등 부작용도 속출했다.

박진경은 제주 부임 한 달여 만에 토벌 작전의 공로를 인정받아 대령으로 고속 승진했다. 그런데 승진을 축하하며 파티를 하던 날 밤에 부하의 손에 암살(6월 18일)당하고 만다.

1948년 6월 18일 새벽에 직접 총을 쏘아 박진경 연대장을 암살한 사람은 손선호 하사로 밝혀졌다. 8월 9일 고등군법회의실에서 재판이 열렸다. 재판의 초점은 연대장 암살의 동기와 배후를 밝히는 데 맞춰졌다. 이 자리에서 고등군법회의 검찰관은, 문상길 중위가 무장대 책임자인 김달삼의 사주를 받아 암살 계획을 세웠으며, 손선호 하사가 권총으로 박 대령을 암살했다는 내용으로 기소했다.

그러나 문상길 중위는 법정에서 〈김달삼 지령설〉을 부인했다. 문상길은 동족상잔을 피해야 한다는 김익렬 전 연대장의 방침에 찬동했기 때문에 김익렬 중령과의 회견을 추진하기 위해 김달삼을 만난 적은 있으나 그의 지령을 받아 박진경 연대장을 암살한 것은 아니라고 말했다. 문상길은 이어 "심리조서에 서명 날인한 것은 전기고문 끝에 눈을 막은 후 조서에 대한 기록 내용 여하를 모르고 강제적으로 무조건 날인한 것으로 이 법정에서 진술한 것이 진실"이라고 말했다.

이어 다른 피고인들도 한결같이 김익렬 전 연대장과 박진경 연대장의 작전을 비교하면서 무모한 토벌전을 막기 위한 것이 암살의 동기라고 밝혔다. 신상우 하사는 "박진경 대령은 동포를 학살하고 진급했다. 미군인이 직접 위장을 달아주었다"고 진술했다. 특히 직접 박진경 연대장을 저격한 손선호 하사는 "3천만을 위해서는 30만 제주 도민을 다 희생시켜도 좋다고 역설하여 실제 행동에 있어 무고한 양민을 압박하고 학살하게 한 박 대령은 확실히 반민족적이며 동포를 구하고 성스러운 우리 국방경비대를 건설하기 위하여는 박 대령을 희생시키는 수밖에 없다고 생각하였다"고 진술했다.

박진경 연대장 암살에 관한 〈김달삼 지령설〉은 4월 28일 김달삼과 평화 협상을 했던 김익렬 전 연대장에게까지 파문이 확산돼 김익렬 중령은 배후 혐의로 연행됐다. 그러나 김익렬 중령은 재판정에 나와 "모든 군사 행동은 당시 최고 작전회의 참모이던 드루스 미군 대위의 지휘였고 박 대령 살해는 나는 전혀 모른다."며 무장대와의 협상을 비롯한 모든 군사 행동이 미군의 지휘 아래 진행됐음을 밝혔고, 경비대총사령부 총참모장 정일권 대령도 이에 동의함으로써 혐의에서 벗어날 수 있었다.

선고 공판에서 재판부는 문상길 중위를 비롯해 신상우 · 손선호 · 배경용 하사관 등 4명에게 총살형을 언도했다.

문상길 중위와 손선호 하사는 결국 9월 23일 경기도 수색의 한 산기슭에서 총살형이 집행됐다.

문상길은 집행 직전 마지막 유언 기회를 주자,

"스물세 살을 최후로 문상길은 갑니다. 여러분은 조선의 군대입니다. 마지막 바라건대 ×××의 ××아래 ×××의 ××아래 ×

×를 하는 조선군대가 되지 말기를 바라며 갑니다"라고 말했다.

이어 손선호는 '혈관에 파도치는 애국의 깃발…'로 시작되는 군가를 부르다가,

"오, 하나님이시여! 민족을 위하여 싸우는 국방군이 되게 하여 주소서."라고 기도를 올리고 총살되었다.

1연대 후기 진압 작전

미군사령부는 박진경 연대장의 후임으로 연대장에 최경록 중령을, 부연대장에 송요찬 소령을 임명하였다.

최경록 연대장은 부임하던 날부터 대대적인 수색 작전을 펼쳤는데, 이 무렵 무장대는 활동이 거의 없었다. 무장대가 공세의 고삐를 늦춘 채 행동을 중지한 까닭은 그 동안 사태를 관망해 오던 경비대가 본격적인 작전에 나서자 향후 대책을 마련하기 위한 암중모색으로 보인다.

경비대는 대대적인 수색 작전과 주민 연행에도 불구하고 아무런 무장대의 대응이 없는데다가 평화적으로 사태를 해결하라는 각계의 압력이 거세게 일자 '작전 행동 보류'를 선언했다. 최경록 연대장은 교통 차단 해제, 어획 금지 해제, 통행 시간 연장 등의 조치를 취했고,

"이후는 특수한 경우 이외의 작전 행동은 보류하나 경찰 및 각 행정기관에 협력하여 치안 회복에 박차를 가할 것."이라는 내용의 담화를 발표했다. 이로써 제주 사태는 소강 상태로 접어들었다.

탈법적 계엄령

이승만 대통령은 1948년 11월 17일 제주도에 계엄령을 선포한다. 계엄령은 마구잡이 학살의 길을 열어주었다. 학살의 집행인인 군경 토벌대는 이 계엄령을 사람을 마구 죽여도 괜찮다는 뜻으로 받아들였고, 주민들도 체념하게 만들었다.

법의 원리와 규정을 내면화하는 데 필요한 충분한 시간이 없었던 상황에서 토벌대는 '사람 죽이는 게 계엄령'이라고 큰 소리를 쳤던 것이다.[1] 계엄령은 지역의 안정을 회복하기 위해 잠시 동안 감내해야 할 규제가 아니라 무차별 토벌로 가는 도구로 인식된 것이다.

계엄령은 집행 과정뿐만 아니라 그 자체로도 탈법적인 성격을 갖고 있었다. 왜냐하면 이 계엄 명령의 토대가 되어야 하는 계엄법이 계엄령이 발동된 지 1년 후인 1949년 11월 24일에야 제정되었기 때

1) 김종민, 「제주 4·3항쟁, 대규모 민중 학살의 진상」, 『역사비평』 1998 봄, 37쪽.

문이다.[2] 불법적인 계엄령은 아이러니하게도 토벌대에게 제주도 사람들을 무차별적으로 학살하는 법적 논리가 되었다.

11월 17일에 이승만 대통령이 〈계엄령〉을 선포하자, 국방부는 제주도경비사령부를 설치하여 제9연대와 경찰 및 해군의 합동 작전을 개시하고, 12월에 제9연대(연대장 송요찬)는 다시 대전으로 이동하고, 새로이 제2연대(연대장 함병선)가 토벌 임무를 이어받았다.

제주도 주민 집단 학살

계엄령(1948년 11월 17일)이 선포되고, 제2연대(연대장 함병선)가 제주에 도착(1948년 12월 29일)했다.

연대장 함병선이 지휘하는 제2연대가 제주에 도착한 후 무장대의 공세가 한 때 활기를 띠었다. 그러나 육 · 해 · 공 3군의 합동작전에 의한 토벌이 강화되면서 무장대 세력이 더욱 약화된다.

토벌대는 해안 마을마다 성을 쌓게 해 무장대의 근거지를 차단하고 주민과 고립시키는 작전을 전개한다. 이 무렵에 〈북촌주민 학살사건〉 등 집단적인 주민 학살이 자행된다.

제2연대 연대장 함병선 중령 역시 일본군 지원병 출신이었다. 해방 직후 모병 과정에서는 이런 친일 성향이 있는 경력자는 배제돼야 한다는 여론이 한때 일었다. 그러나 '경력자'를 중시한 미군정은

---

2) 김순태, 「제주 4·3 당시 계엄의 불법성」, 『제주 4·3연구』, 153쪽.

이에 대해 하등의 제한을 두지 않았다. 제주도 진압 작전에서는 오히려 그들의 전투 경험 능력을 높이 샀다고 볼 수 있다.

제2연대(연대장 함병선)는 깊은 산간이 아니라 하여 그동안 제9연대(연대장 송요찬)가 전략적으로 남겨 뒀던 마을들마저 쑥밭으로 만들었다. 초토화 작전 때는 사건들마다 굳이 인과 관계를 따지기가 어렵다. 단지 중산간 마을 주민이라는 이유 하나로 무참하게 학살될 뿐이었다. 사람을 그렇게 죽일 수도 있다고는 아무도 상상하지 못했다.

북촌 대학살

제주도에 제2연대(연대장 함병선)가 도착하자 무장대의 공세가 한때 활기를 띠었다. 그러나 육 · 해 · 공 3군의 합동작전으로 토벌이 강화되자 무장대 세력이 약화되었다.

1949년 1월 17일에 이동 중이던 군인들이 무장대의 기습을 받자 군인들은 곧바로 인근 마을인 동복리와 북촌리에서 주민들을 대량 학살했다. 세칭 '북촌 사건'으로 알려진 이 학살극으로 수백 명의 북촌리 주민 뿐 아니라 동복리 주민도 86명이 희생됐다.

이날 아침에 제2연대(연대장 함병선) 3대대의 중대 일부 병력이 대대본부가 있던 함덕으로 가던 도중에 북촌마을 어귀 고갯길에서 무장대의 기습을 받아 2명의 군인이 숨졌다. 당황한 마을 원로들은 숙의 끝에 군인 시신을 들것에 담아 대대 본부로 찾아갔다. 흥분한 군인들은 본부에 찾아간 10명의 연로자 가운데 경찰가족 한 명을 제외하고는 모두 사살해 버렸다. 그리고 장교의 인솔 아래 2개 소대 쯤 되는 병력이 오전 11시 전후하여 북촌 마을을 덮쳤다.

군인들이 마을을 포위하고 집집마다 들이닥쳐 총부리를 겨누며 남녀노소, 병약자 할 것 없이 사람이란 사람은 전부 학교 운동장으로 내몰고는 온 마을을 불태웠다. 4백여 채의 가옥들이 하루아침에 잿더미로 변했다. 북촌초등학교 운동장에 모인 1,000명 가량의 마을 사람들은 공포에 떨었다. 교단에 오른 현장 지휘자는 먼저 민보단 책임자(장운관)를 나오도록 해서 '마을 보초 잘못 섰다'는 이유로 주민들이 보는 앞에서 즉결처분했다.

군인들은 다시 군경 가족을 나오도록 해서 운동장 서쪽 편으로 따로 분리시켰다. 어린 학생 등을 일으켜 세워 '빨갱이 가족'을 찾아내라고 들볶던 군인들은 이 일이 여의치 않자 주민 몇 십 명씩 끌고 나가 학교 인근 밭에서 사살하기 시작했다.

이 같은 주민 학살극은 오후 5시께 대대장의 중지 명령이 있을 때까지 계속되었다. 이 날 희생된 주민들이 대략 300명에 이르렀다.

한편 사살 중지를 명령한 대대장은 주민들에게 다음날 함덕으로 오도록 전하고 병력을 철수시켰다. 살아남은 주민들 가운데는 다음날 산으로 피신한 사람, 함덕으로 간 사람 양쪽으로 갈라졌다. 그런데 대대장의 말대로 함덕으로 갔던 주민들 가운데 100명 가까이가 '빨갱이 가족 색출 작전'에 휘말려 다시 희생된다.

북촌 마을은 〈제주 4·3사건〉의 소용돌이에서 인명 피해가 가장 많았다.

원동마을 학살

애월면 중산간 지역에 원동 마을에는 50여 가구가 사는 마을이었다. 어느날 갑자기 토벌대들이 마을 주변을 포위하고 남녀노소 구분없이 대학살을 시작했다. 그중 살아서 도망친 사람이 3명이였다고 홍영규가 진술하였다. 당시 홍영규는 어머니, 아버지, 형을 잃고 혼자 남았다. 홍영규는 나와 6촌간이며 우리 아버님은 5촌 조카인 영규형을 거두어서 살아갈 주택을 마련하여주고 장가도 보내 주었다. 3살의 어린애까지 전부 몰살시키고 마을 전체를 불태워서 지금도 마을 흔적은 찾을수 없다.

어도(본성)초등학교에서 벌어진 선별 작업

어도초등학교에서 벌어진 토벌대의 선별 작업은 참으로 어처구니 없는 것이었다. 희생자 홍의경의 아내는 "순경들은 남편에게 '이 놈은 눈이 큰 걸보니 폭도같이 생겼다.'며 끌어냈다."고 말했다. 주민 홍시범 씨는 "고문이 지독했지만 어차피 근거가 없는 추궁이었기 때문에 체력이 좋아 버티면 살고, 쌀 한 톨이라도 내놓았다고 실토하면 죽는 식이었다."고 말했다.

한편 주민들이 무사히 돌아온 직후에 빨치산이 들이닥쳤다. 구몰동을 방화하고 마구잡이로 주민들을 학살하는 비극이 벌어졌다. 구몰동은 어도리 중심에서 다소 떨어져 있는 마을이었다. 이날 빨치산의 습격은, 며칠 전 식량을 걷으러 온 '여자 폭도' 2명을 구몰동 청년들이 붙잡은데 대한 보복이었다.

그날 폭도의 습격으로 어도리에서는 나의 누님 홍순중처럼 주민 여럿이 현장에서 절명했다. 양신출(여, 82살) · 강정생(여, 70살) · 홍예환(67살) · 조갑생(여, 63살) · 양선여(여, 60살) · 홍갑출(여, 45살), 김정생(여, 4·3살) · 문평선(여, 11살) 등이 희생됐다. 급히 피신하지 못한 노약자들이 주로 희생되었는데, 폭도들은 주민들을 죽창으로 잔혹하게 살해했다. 이날 현장에서 즉사하지는 않았지만 강덕일(여, 46살)과 문화선(여, 22살)은 죽창에 찔린 후유증으로 얼마 뒤 숨을 거뒀다.

그런데 희생자 강덕일은 앞서 주민 100여 명이 한림초등학교로 끌려갈 때 잘 걷지 못한다 하여 토벌대에게 총살당했던 안국찬의 어머니였다. 모자가 사흘 사이에 토벌대와 폭도에게 각각 희생되는 비극을 겪은 것이다.

이후 더 이상 무장대의 습격은 없었다. 토벌대에 의한 학살이 계속 이어졌다. 보초를 서는데 소홀했다고 집단 학살을 당하기도 했다. 마을에 파견돼 있던 경찰의 잔혹한 행위도 그치지 않았다. 홍남노 옹은 자신이 목격했던 끔찍했던 기억을 이렇게 말했다.

"이북 출신 경찰들이 주둔했었는데 참으로 잔혹하고 정신이 이상한 놈들이었습니다. 산에서 잡아온 사람들을 자기들 총으로 쉽게 죽일 수 있으면서도 굳이 주민들에게 죽창으로 찌르라고 강요했습니다. 한번은 여자 3명이 귀순해 왔는데 홀랑 벗긴 후 국부를 불로 태우거나 그 안에 전선을 넣어 전기고문을 했습니다. 그때는 우리도 그처럼 처참하게 당하지 않을까 전전긍긍하느라 창피하다는 생각조차 들지 않았습니다. 경찰들은 그 여자 3명에게 잔혹한 고문을 했지만 아무런 혐의가 없자 경찰파견소의 취사를 담당케 했습니다. 그 여자들도 달리 도망칠 곳도 없으니 경찰에게 밥을 해주며 목숨을 부지했습니다."

100여 명에 이르는 희생자를 낸 어도리 주민들은 도대체 무엇 때문에 자신들이 그토록 처참한 상황을 겪어야 했는지 도저히 이해할 수가 없었다. 주민들은 아픈 과거와의 단절을 위해 마을 이름을 바꾸기로 결정했다. 그래서 이제 어도리(於道里)는 지도에서 사라지고 그 자리를 봉성리(鳳城里)가 대신하고 있다.

살아남은 사람들

강기황은 어도리 양민 학살 현장에서 구사일생으로 생존하여, 육군에 입대했다. 소령으로 예편하여 현재 캐나다에 거주하고 있다. 100명의 봉성리 청년들이 검속에 불려가서 학살을 당할 때, 경찰에 농업고등학교 선배의 주선으로 그는 생존할 수 있었다.

제주 4·3사건 당시 제2연대의 최영구 소대장(3성 장군)은 한림에서 총살 현장에 있던 주민 23명을 풀어 주었다. 그 일 때문에 영창에 구금되었는데, 강경하게 대응하자 석방시켜 주었다.

나는 육군 중령 때 최영구 장군(소장)을 만났다. 내가 처음 만났을 당시 최영구 장군은 군수 참모부장이었다.

"부장님은 틀림없이 별을 더 달겠습니다. 활인지덕(活人之德)은 가장 큰 덕입니다."

그 뒤로 최영구 장군은 별을 더 달고 승진하여 군단장과 군수 사령관까지 역임하였다. 그는 북한의 황해도 출신으로 자신은 제주가 제2의 고향이라고 하였다.

안준부 장군의 증언에 따르면, 애월읍 작은마을 고내리에서도 중학교 이상 졸업자 33명을 잡아다 처형하였다고 했다.

제주에서는 마을마다 100명 단위로 젊은이들을 학살하였기 때문에 어떤 마을에는 百祖一孫之墓라는 위령비가 서 있다. 100명의 조상에 자손은 하나라는 뜻이다. 특히 그때 제주도 바다에 버려진 시체들이 해류를 따라 대마도까지 떠내려가 그곳 어민에게 17구가 발견되어 절에 안치되었으며 죽은 영혼들을 달래기위해 무연지제영비(無緣之諸靈卑)를 만들었다고 한다.

한국 전쟁과 제주도의 비극

1949년 3월 제주도지구 전투사령부(사령관 유재흥)가 설치되었다. 제주도지구 전투사령부는 진압 · 선무 병용 작전을 전개했다. 유재흥 사령관은 한라산에 피신해 있던 사람들이 귀순하면 모두 용서하겠다는 사면 정책을 발표했다. 이때 많은 주민들이 하산하였다. 1949년 5월 10일 재선거가 성공리에 치러졌다. 그해 6월에 무장대 총책 이덕구가 사살되고 무장대는 사실상 궤멸되었다.

그러나 한국 전쟁이 발발하면서 또다시 비극이 찾아왔다. 보도연맹 가입자, 요시찰자 및 입산자 가족 등이 대거 예비 검속되어 죽임을 당하였다. 또 전국 각지 형무소에 수감되었던 4·3사건 관련자들도 즉결처분 되었다. 예비검속으로 인한 희생자와 형무소 재소자 희생자는 3,000여 명에 이른 것으로 추정된다. 유족들은 아직도 그 시신을 대부분 찾지 못하고 있다.

잔여 무장대들의 공세도 있었으나 그 세력은 미미하였다. 1954년 9월 21일 한라산 금족(禁足)지역이 전면 개방되었다. 이로써 1947년 3·1절 발포 사건과 1948년 4·3 무장 봉기로 촉발되었던 제주 4·3사건은 실로 7년 7개월만에 막을 내리게 되었다.

따라서 제주 4·3사건은 "1947년 3월 1일 경찰의 발포 사건을 기점으로 하여, 경찰 · 서청의 탄압에 대한 저항과 단선 · 단정 반대를 기치로 1948년 4월 3일 남로당 제주도당 무장대가 무장봉기한 이래 1954년 9월 21일 한라산 금족 지역이 전면 개방될 때까지 제주도에서 발생한 무장대와 토벌대간의 무력 충돌과 토벌대의 진압 과정에서 수많은 주민들이 희생당한 사건"이라고 정의할 수 있다.

〈제주 4·3사건〉으로 빚어진 인명 피해는 25,000~30,000명으로 추정된다. 1947년 3월 1일부터 1954년 9월 21일까지 제주도에서 엄청난 인명 피해 및 물적 피해를 남긴, 〈제주 4·3사건〉이 발발한 지 50여 년이나 경과되고, 그 원인과 억울한 희생자에 대하여 많은 논란이 전개되어 왔음에도 국가 차원의 진상 규명이 없었다. 더구나 정부 당국에서 인명 피해 및 물적 피해 실태를 조사하여 공식적으로 발표한 적도 없었다.

〈제주 4·3사건〉의 현장에서 살아남은 나는 김대중 대통령에게 〈제주도 4·3사건〉을 해결하여야 한다고 건의했고, 김대중 대통령은 2000년 1월 12일에 〈제주 4·3사건 진상 규명 및 희생자 명예 회복에 관한 특별법〉(약칭 '제주 4·3특별법')을 공포하였다. 그 법이 공포되던 날 나는 정치가로서 큰 보람을 느꼈다.

김익렬 장군의 증언

군인이 된 나는 육군본부 참모총장실에 근무하면서 김익렬 장군을 직접 만날 기회가 있었다. 김익렬 장군은 나에게 〈제주 4·3사건〉 당시의 상황을 구체적으로 들려주었다.

김익렬 연대장의 후임으로 부임한 박진경 연대장이 암살되자 그 사건을 취조하는 과정에서 문상길 중위에게,

"네가 제일 존경하는 사람이 누구냐?"라고 묻자

"9연대 김익렬 전임 연대장입니다."라고 대답하였다.

김익렬 연대장은 배후 인물로 지목되어 여수 14연대에서 보직 해임되어 재판에 회부되었다. 그러나 재판 과정에서 모든 혐의가 풀

렸다. 김익렬 연대장이 재판을 받고 있을 때 여수 순천 반란 사건이 일어났다. 여수 14연대 연대장은 그 반란 사건의 책임을 지고 총살되었다. 만약 그 때 김익렬 연대장이 해임되지 않았다면 그도 역시 처형되었을 것이다.

김익렬 연대장은 '대포'로도 유명했다. 김 연대장이 뒷날 동해안 사단장으로 재직할 때 국정감사를 받게 되었다. 당시 국회의장 신익희 의원이 "사단에 부식은 충분한가?"라고 물었다. 김익렬 사단장은,

"우리 사단은 아주 배불리 장병 급식을 하고 있습니다. 동해에서 멸치를 잡아서 뻥튀기로 튀기면 멸치가 동태가 됩니다. 그것으로 아주 충분합니다."라고 대답했다. 대답을 듣고 신익희 의원은 불쾌하였다. 서울에 와서 신익희 의원은 참모들과 의논하여 김익렬 사단장의 발언을 문제 삼으려고 했다. 그런데 그의 발언을 문제로 삼으면 사병들의 급식 문제가 수면에 떠오를 수밖에 없다고 참모들이 건의하여 무마되었다.

김익렬 장군은 전쟁 영웅이고, 정의감이 넘치는 군인이었다.

김익렬 장군을 만난 인연으로 나는 어릴 때 겪은 〈제주 4·3사건〉의 진실을 알게 되었다. 김익렬 장군이 나에게 직접 들려준 〈제주 4·3사건〉을 기록으로 남겨야 한다고 생각했다. 아울러 〈제주 4·3사건〉을 평화적으로 해결할 수 있는 기회를 놓치고, 강경 진압과 양민 학살로 치달은 미 조정과 대한민국은 어떤 형태로든 도민에게 사과하여야 한다고 확신하였다.

김대중 대통령에게 <제주 4·3사건> 해결을 건의

〈제주 4·3사건〉이 나고 50년의 시간이 지나도록 제주도가 배출한 현실 정치인들이 많았지만 현직 대통령에게 〈제주도 4·3사건〉을 해결해야 한다고 진솔하게 보고한 사람이 아무도 없었다.

나는 김대중 대통령이 제주도를 방문했을 때 〈제주도 4·3사건〉을 해결하여야 한다고 건의했다. 나의 건의를 김대중 대통령이 들어줬다. 만약 내가 김대중 대통령에게 건의하지 않았으면 〈제주도 4·3사건〉은 지금도 해결이 안 되었을 것이다.

그런데 '제주 4·3사건 진상 규명 및 희생자 명예 회복 위원회'(위원장 고건 국무총리)가 2003년에 발표한 〈제주 4·3사건 진상조사 보

▼ 제 55주년 제주 4·3사건희생자 범도민 위령제

고서〉에는 다음과 같이 기록하고 있다.

'1999년 6월 김대중 대통령은 제주도를 방문한 자리에서 우근민 도지사의 건의에 따라 위령공원 조성을 위하여 정부의 특별교부세 30억 원 지원을 약속했다. 이것은 정부가 4·3사건 문제 해결에 첫 발을 내딛는 시발이 되었다.' (〈제주 4·3사건 진상조사 보고서〉 진상조사 배경)

위의 자료에 따르면 '우근민 도지사의 건의'가 마치 '4·3사건 문제 해결에 첫 발을 내딛는 시발'이 된 듯이 기록하고 있는데, 이런 오해가 없어야 하겠기에 그날의 앞뒤 정황을 이 자리에 기록하고자 한다.

1999년 6월 13일, 김대중 대통령이 제주도를 방문했을 때 우근민 지사, 김창진 도지부장, 고진부 남제주 위원장, 정대권 위원장, 그리고 내가 김대중 대통령과 함께 식사를 했다. 식사를 하다가 나는 김대중 대통령에게 〈제주 4·3사건〉을 해결하여야 한다고 건의했다.

"대통령님, 제주도 4·3사건을 해결하여 주십시오. 일본의《요미우리》신문 기자가 제주도를 취재한 뒤에, 20세기에 한국에서 가장 큰 사건은 6·25 사변과 제주도 4·3사건이라고 기사를 썼습니다. 1948년 8월 15일에 대한민국 정부가 수립되고 그 해 11월에 계엄령이 선포된 때부터 10개월 사이에 민간이 수만 명이 학살되었습니다. 국민의 정부라면 대통령께서 대한민국 정부를 대표해서 제주도의 도민에게 사과를 하여야 하지 않겠습니까? 대만이 2·8사건 때 원주민 3만여 명을 학살했는데, 이등휘 총통이 1995년에 사과했습니다. 아르헨티나에서도 73년에 군부 정권이 3만 명 이상을 학살했는데, 민간 출신의 라울 알폰신이 대통령에 당선되어 국민에게 사과했습니다. 우리나라도 국민의 정부를 표방하는 정부가 제주도 4·3사건을 해결하고 당연히 사과를 해야 되지 않겠습니까."

내가 말씀을 드리자 김대중 대통령은 우근민 도지사에게 지시했다.

"중앙에서 할 일은 내가 다 할 테니까, 제주에서 할 일 당신(우근민 도지사)이 하세요."

우근민 도지사가 그 자리에서 대답했다.

"예. 제가 4·3공원 부지에 제단까지는 마련을 하겠습니다."

5

홍성제

김대중 · 노무현 대통령과 나의 진솔한 대화

남북한 해군 무력 충돌과 NLL

김대중 대통령에게 <서해안 문제> 언급

나는 그 자리에서 서해안 문제도 언급하였다. 당시 서해안에서 북한 함정과 대한민국 함정이 밀고 당기고 있었다. 화해 협력을 추구하는 시기에, 어느 누구도 대통령에게 말을 못하는 어려운 문제를 나는 직설적으로 말씀을 드렸다.

"서해는 어떡할 겁니까?"

"우리 한정하고 이북 함정하고 부딪치면 이북 함정들이 쭈쭈 찌그러진다고 해."

"북한은 돈이 없어서 어선 같은 것을 군함으로 하고 있습니다. 그런데 양쪽이 다 무장을 했습니다. 언제까지 그걸 밀고 당기겠습니까? 어려운 시기인데, 우리가 선제 공격을 취하여야 하지 않겠습니까?"

김대중 대통령은 서해안 문제에 대해서는 아무 말씀이 없었다. 그날 서울에 와서 TV를 보는데, 김대중 대통령이 서울에 와서 안보수석을 불렀다는 뉴스가 나왔다. 그러고 15일에 우리 군함이 북한 측의 군함을 쏴버렸다. 나의 짐작이지만 제주도에서 나의 말을 듣고 김대중 대통령이 결단하신 것이다. 그 후 임동원 장관에게 그 과정을 물었다. 한 2주전부터 준비를 다 하였다고 했다. 그 과정에서 대통령께서 결단을 유보하는 과정에서 나의 발언이 결단을 촉구한 것이다.

김대중 대통령에게 <NLL 해결 방안> 건의

김대중 대통령은 그 자리에서 "북한에서 문제가 있다고 제기하고있다"고 말씀하셨다. "NLL은 미국이 제정한 선으로 국제법상으로는 문제점이 있다."고 북한에서 주장하지만 "이제 와서 NLL을 새로 바꿀 수는 없습니다. 국경선이 되 버렸습니다. 그러나 양측이 서로 물러나 중간 지대를 만들어서 남북이 공동 어업을 하고 우리가 이북 선박의 어획량을 사주면 되지 않겠습니까?"라고 건의하였다.

제16대 국회의원 선거 출마 못해

제주도에서 식사를 할 때 김대중 대통령이 나에게 물었다.

"그런데 홍성제 위원장, 법에 걸렸다며?"

(내가 법에 걸렸다고 우근민 도지사가 대통령을 수행하면서 대통령께 보고하였다.)

"예."

"그럼 다음 국회의원 선거에 출마를 못하잖아?"

"예."

"뭐 자기 일도 아니고 남의 일 가지고 한 건데 뭐 문제가 있겠나."

나는 1년간 피눈물 흘리면서 선거운동을 해야 했다. 그날 김대중 대통령이 일부러 그렇게 말씀을 하니 대통령이 나를 사면해 줄 것이라고 기대했다. 그러나 나는 그때 사면을 받지 못했다. 국회의원 선거에 출마할 수 없었다.

당시 분위기에서 내가 출마했으면 당선은 당연했다. 사면을 받지 못하여 출마조차 못하고 말았다. 그러나 정치에 입문하여 온갖 수모와 모멸을 받아야 했으니 감내하기 어려운 시간들이었다.

그래도 제주도 4·3사건에 대해 대통령에게 해결을 요구하였고, 나의 건의를 김대중 대통령이 받아들여 제주도 4·3사건 문제를 해결하였으며, 노무현 대통령이 제주 도민에게 사과하였으니, 나로서는 보람이 아닐 수 없다.

<제주 4·3사건 진상 규명 및 희생자 명예 회복에 관한 특별법안> 국회에 상정

1999년 6월에 제주도에서 상경한 김대중 대통령은 청와대 남궁진 수석에게 〈제주 4·3사건 진상 규명 및 희생자 명예 회복에 관한 특별법〉의 발의를 지시하였다.

추미애 의원 발의 내용

1999년 12월 16일 국회 행정자치위원장 추미애 의원(새정치국민회의)은 〈제주 4·3사건 진상 규명 및 희생자 명예 회복에 관한 특별법안〉을 국회에 제출하면서 다음과 같이 보고하였다.

"정치 경제 사회적으로 혼란했던 해방 정국 아래 무고한 양민이 희생된 제2 제3의 노근리 사건들이 무려 7년 동안이나 제주도 곳곳에서 수년 동안이나 헤아릴 수 없이 반복되어 일어났다는 것을 제가 지난번 대정부 질문 시에 구체적으로 열거하여 말씀 드린 바 있습니다.

사건 이후 반세기가 넘도록 피해자 규모조차 정확히 알 수 없을 정도로 우리는 그 동안 이 사건을 덮어두었습니다. 그러나 죄없이 죽어가고 억울하게 희생당한 양민피해가 있었다면 이제 이를 조사하여 그들의 넋을 위로하고 명예를 회복해 주는 것이 역사를 승계한 후대의 의무일 것입니다.

이미 1999년 11월 18일 한나라당 소속 노정일 의원 외 112인의 의

원으로부터 제주 4·3사건 진상 규명 및 희생자 명예 회복에 관한 특별 법안의 제안이 있었고, 같은 해 12월 2일 본 의원과 새정치국민회의 102인의 의원님으로부터도 제주 4·3사건 진상 규명 및 희생자 명예 회복에 관한 특별 법안이 각각 발의되었던 바 우리 위원회에 회부되어 왔습니다.

우리 위원회는 11월 29일 제 208회 국회 정기회 제7차 위원회에 상정한 후 진지하게 심사한 결과 이 두 법률안 모두 그 내용이 제주 4·3사건 당시의 무력 충돌과 그 진압 과정에서 희생된 주민들에 대하여 정부 차원의 진상을 규명하고 희생자와 그 유족 등 관련자의 명예 회복을 내용으로 하는 공통점이 있으므로 두 건의 법안을 각각 폐기하고 그 내용을 각각 수용 조정하여 위원회 대안을 제안하기로 의결하였습니다.

대안의 주요 내용을 말씀드리면 첫째, 제주 4·3사건의 진상을 규명하고 이 법에 의한 희생자 등의 심사 결정과 명예를 회복하기 위하여 국무총리 소속하에 같은 실무위원회를 두고, 둘째, 정부는 제주 4·3사건 희생자를 위로하고 평화와 인권을 위한 교육의 장으로 활용하는 등 위령 제례의 편의를 도모하기 위하여 위령묘령 조성, 사료관 건립 등 사업 시행에 필요한 비용을 예산의 범위 내에서 지원할 수 있도록 하고, 셋째, 희생자 중 계속 치료를 요하거나 또는 보조 장구의 사용이 필요한 자에게 대통령령이 정하는 바에 따라 의료 지원금 생활 지원금을 지급할 수 있도록 하며, 넷째, 제주 4·3사건 당시 호족부 소실로 호적 등재가 누락되거나 호적에 기재된 내용이 사실과 다르게 된 경우 대법원 규칙이 정하는 절차에 의하여 호적을 정정할 수 있도록 법률을 규정하였습니다.

제주 도민은 더 이상 기다리기에도 지쳐 있는 상태입니다. 제주 도민도 과거의 상처를 치유하고 새로운 21세기를 맞을 수 있도록 하여 주시기 바랍니다. 각 당이 제주 도민에게 이 법의 통과를 굳게 약속한 이상 그 신의를 저버리지 않도록 본 의원이 간절히 호소하는 바입니다.

이날 박준규 국회의장 사회로 진행된 국회에서 〈제주 4·3사건 진상 규명 및 희생자 명예 회복에 관한 특별 법안〉이 국회에서 가결되었다.

2000년 1월 12일에 〈제주 4·3사건 진상 규명 및 희생자 명예 회복에 관한 특별법〉(약칭 '제주 4·3특별법')이 제정되고, 김대중 대통령은 관련자들이 보는 앞에서 이 법을 공포하였다.

노무현 대통령에게 〈제주 43사건〉 사과를 건의

민주당의 노무현 대통령 후보가 대통령에 당선된 직후였다. 노무현 대통령 당선자가 제주도를 방문할 일정으로 제주공항에 도착했다. 나는 공항에서 노무현 대통령 당선자를 만났다.

"축하드립니다. 위원장들하고 식사 한 번 하시죠."

내가 먼저 축하의 뜻을 전했다.

"이번에는 어렵겠습니다. 제주도에 휴가 왔습니다."

"그렇습니까?"

"그냥 좀 쉬다 가겠습니다."

나는 그 자리에서 더 이상 아무 말도 할 수 없었다.

"네, 알겠습니다."

노무현 대통령 당선자는 제주도에서 노사모 회원들을 만났다.

"이번 대선 때 제주도에서 누가 가장 노력을 했나요?"

노사모 회원들과 식사하는 자리에서 노무현 대통령 당선자가 물었다.

"홍성제 위원장이 가장 열심히 선거운동을 했습니다."

노사모 회원들이 이구동성으로 대답했다. 그때부터 노무현 대통령 당선자가 나를 대하는 태도가 180도 바뀌었다.

노무현 대통령 당선자가 제주도 일정을 마치고 서울로 갈 때 나는 공항에 들러 대통령 당선자를 배웅했다. 나를 발견한 노무현 대통령은 자리에서 벌떡 일어나더니 내 쪽으로 쫓아오면서 악수를 청했다.

"2004년에는 국회의원을 하셔야죠."

제주도에 도착했을 때와는 완전히 다른 태도로 나를 대했다. 노사모 회원들이, 홍성제 위원장이 가장 열심히 선거운동을 했다는 말을 듣고 노무현 대통령 당선자가 감동을 받았다는 말을 나는 나중에 전해 들었다. 바로 그날 나는 노무현 대통령 당선자에게 〈제주 4·3사건〉을 정부 차원에서 해결해야 한다고 건의했다. 나와 노무현 대통령 당선자의 대화를 제주도 도지사가 가까이에서 지켜보고 있었다.

"김대중 대통령은 제주도 4·3사건 특별법을 만들어 국회에서 통과시켰습니다. 저는 김대중 대통령께 대국민 사과를 건의했습니다. 그런데 김 대통령은 사과를 하지 못했습니다. 노무현 대통령 당선자께서 임기 내에 사과를 꼭 하여 주십시오."

그날 나의 제안을 수렴한 노무현 대통령은 제주도 4·3사건에 대해 정식으로 사과했다.

노무현 대통령은 2003년 10월 31일 제주도에 가서 미국 군정과 이승만 정권에서 자행한 국가 폭력에 대해 정중하게 사과하고 유족들을 위로했다.

단일 사건으로, 범정부적으로는 물론 대통령이 직접 나서서 아픈 역사의 매듭을 푼 것이 바로 제주 4·3사건이다. 과거사 문제의 일환이었지만, 〈국민의 정부〉 이전부터 논의가 시작되었고, 제주 4·3사건의 유족들이 바라는 것은 명예 회복이었다. 노무현의 참여정부 때 제주 4·3사건에 대한 종합보고서가 나왔다. 그 보고서만으로도 상당한 명예 회복이 됐다.

〈제주 4·3사건에 대한 대통령 발표문〉

존경하는 도민과 유족 여러분, 그리고 국민 여러분,

55년 전, 평화로운 이곳 제주도에서 한국 현대사의 커다란 비극중의 하나인 4·3사건이 발생했습니다. 제주 도민들은 국제적인 냉전과 민족 분단이 몰고 온 역사의 수레바퀴 밑에서 엄청난 인명 피해와 재산손실을 입었습니다.

저는 이번 제주방문 전에 <4·3사건 진상 규명 및 희생자 명예 회복에 관한 특별법>에 의거해 각계 인사로 구성된 위원회가 2년 여의 조사를 통해 의결한 결과를 보고 받았습니다.

위원회는 이 사건으로 무고한 희생이 발생된 데 대한 정부의 사과와 희생자 명예 회복, 그리고 추모 사업의 적극적인 추진을 건의해 왔습니다.

저는 이제야말로 해방 직후 정부 수립 과정에서 발생했던 이 불행한 사건의 역사적 매듭을 짓고 가야한다고 생각합니다.

제주도에서 1947년 3월 1일을 기점으로 하여 1948년 4월 3일 발생한 남로당 제주도당의 무장봉기, 그리고 1954년 9월 21일까지 있었던 무력충돌과 진압 과정에서 많은 사람이 무고하게 희생됐습니다.

저는 위원회의 건의를 받아들여 국정을 책임지고 있는 대통령으로서 과거 국가권력의 잘못에 대해 유족과 제주 도민 여러분에게 진심으로 사과와 위로의 말씀을 드립니다. 무고하게 희생된 영령들을 추모하며 삼가 명복을 빕니다.

정부는 4·3평화공원 조성, 신속한 명예 회복 등 위원회의 건의 사항이 조속히 이루어질 수 있도록 적극적으로 지원하겠습니다.

"존경하는 국민여러분.

과거 사건의 진상을 밝히고 억울한 희생자의 명예를 회복시키는 일은 비단 그 희생자와 유족만을 위한 것이 아닙니다. 대한민국의 건국에 기여한 분들의 충정을 소중히 여기는 동시에, 역사의 진실을 밝혀 지난날의 과오를 반성하고 진정한 화해를 이룩하여 보다 밝은 미래를 기약하자는 데 그 뜻이 있는 것입니다.

이제 우리는 4·3사건의 소중한 교훈을 더욱 승화시킴으로써 '평화와 인권'이라는 인류보편의 가치를 확산시켜야 하겠습니다. 화해와 협력으로 이 땅에서 모든 대립과 분열을 종식시키고 한반도의 평화, 나아가서 동북아와 세계 평화의 길을 열어나가야 하겠습니다.

제주 도민 여러분께서는 폐허를 딛고 맨 손으로 이처럼 아름다운 평화의 섬 제주를 재건해 냈습니다. 제주 도민들에게 진심으로 경의를 표합니다.

이제 제주도는 인권의 상징이자 평화의 섬으로 우뚝 설 것입니다. 그렇게 되도록 전 국민과 함께 돕겠습니다. 감사합니다."

국가가 제주도 4·3사건에 대해 잘못을 인정하고, 피해자들의 명예를 회복시켜 주고, 금전적으로 배상을 한들 사건 당시에 빼앗긴 삶과 인생이 돌아오겠는가. 가장 중요한 것은 잘못을 인정하는 국가의 진정성이다. 국가가 잘못을 진심으로 사과하고 희생자의 명예를 회복시켜줘야 가해자와 피해자 사이의 진정한 화해가 가능하다. 또 그런 정리를 하고 넘어가야 국민들 사이에서도 화해와 통합이 이뤄진다. 더 나아가서 박근혜 정부는 늦은감이 있지만 4·3사건을 국가 추모일로 지정하여 피해자의 한을 달랬다.

DJ의 나에 대한 삼고초려

나는 이등병으로 입대하여 장성으로 예편했다. 우리나라는 정치와 행정을 개혁하지 못하면 선진국 진입이 어렵다고 생각했다. 군에서 1983년부터 1989년까지 6년 동안 국방부를 개혁한 나는, 당시 최선의 노력으로 이룩한 국방 개혁의 성과들을 지키고 더 나아가 국방 개혁을 계속 진전시키는 등 국가 발전에 기여하겠다는 소망을 품게 되었고, 정치에 입문하여 제15대 국회의원 선거(1996년 4월 11일), 제16대 국회의원 보궐선거(2002년 8월 8일), 제17대 국회의원 선거(2004년 4월 15일)에 출마했다.

멸사봉공의 마음을 다지며 제주도에서 무소속으로 출마한지 한 달쯤 되었을 때였다. 김대중 국민회의 총재가 나를 만나고 싶어 한다는 연락이 왔다. 정치를 하기로 결심하고 국회의원 선거에 출마까지 한 사람이 야당 총재가 만나자고 하는데 굳이 만나지 못할 이유가 없었다. 그 길로 상경한 나는 여의도의 국민회의 당사를 방문

하여 김대중 총재를 만났다. 그 자리에는 김창진 제주도 도지부장도 있었다.

"제주도 홍문중 국회의원의 동생입니다."

김창진 도지부장이 나의 형님 이름을 소개하자, 김대중 총재는 형님을 기억하고 있었다.

"반갑소."

김대중 총재는 악수를 청했다.

"국민회의에 입당하시오."

"총재님, 제가 국민회의에 입당하면 낙선할 것이 뻔한데, 어떻게 입당을 하겠습니까?"

김대중 총재의 입당 권유를 뿌리치고 제주도로 향했다.

김대중 총재가 두 번째로 만나자는 연락이 왔다. 다시 만났을 때도 김대중 총재가 국민회의 입당을 권유했지만 나는 거절했다.

그리고 제15대 국회의원 선거일을 20일 쯤 앞에 두고 국민회의 김대중 총재가 세 번째로 만나자고 나에게 연락을 했다. 세 번째 연락을 받고 나는, 김대중 총재가 참 끈질긴 사람이구나, 하고 생각했다.

제주도에서 비행기를 타고 서울로 향해 가면서 나는 생각했다. 제주도의 고향 애월읍에서 장군 출신은 나와 안준부 장군 두 사람이 전부였다. 그런 만큼 내가 국회의원 선거에 나서면 고향 사람들이 나를 인정해 줄 것이라고 기대했다. 그런데 현실은 그렇지 못했다. 반면에 김대중 총재는 어떤가. 김대중 총재는 나와 달랐다. 그 사람은 세계에서 인정받는 사람이었다. 그런 인물이 나를 세 번씩이나 부른다면, 내가 낙선을 하는 한이 있더라도, 나를 필요로 한다면 그를 도와야 하겠다는 생각을 하였다.

그날 국민회의 당사 총재실에서 김대중 총재와 권노갑씨, 그리고 나 셋이 만나 콩나물 국밥을 먹었다. 콩나물 국밥 한 그릇을 얼른 비운 김대중 총재는 자리에서 일어섰다. 내가 밥을 반 그릇 정도 먹었을 때였다.

"국민회의에 입당하시오. 선거에 불리하면 비밀입당이라도 하세요. 그러면 지원을 하겠습니다."

김대중 대표가 자리를 비운 사이에 권노갑 고문이 이번에는 비밀 입당을 권했다.

"고문님, 저는 명색이 장군 출신입니다. 비밀 입당 같은 것은 안 합니다. 당당히 입당하겠습니다."

권노갑 고문은 그 자리에서 입당 원서를 제시했다.

국민회의에 그렇게 입당하고 제주도로 돌아온 나는 1996년 3월 9일에 국회의원 선거 20일을 남기고 제주도 도청에서 기자회견을 했다. 기자회견을 앞두고 나는 권노갑 고문에게 부탁했다.

"제가 국민회의 입당 기자회견을 할 때는 호남 출신이 아닌 사람을 배석시켜 주십시오."

나의 뜻을 반영하여 기자 회견장에 이종찬씨와 정대철씨가 배석했다.

국회의원에 출마하다

제15대 국회의원 출마의 변

어언 30여년 오로지 나라와 겨레 지키는 일을 하늘의 소명으로 알고 참 군인의 외길을 묵묵히 걸어왔습니다.

이제 제복을 벗고 아직도 척박한 한라 언덕에 서서 다지고 또 다졌습니다. 내 조국 풍요를 위해 내 나라 선진화를 위해 다시 한번 몸던져 일하리라고.…….

스스로에게는 엄격하고, 국민에게는 따뜻하며, 판단함에 있어 바르고, 추진함에 있어 비겁하지 않은 정치인이 되겠습니다.

그리하여 흐트러진 이 나라 정치를 추스리고, 기울어진 경제를 바로 세우겠습니다.

여러분의 격려와 사랑을 호소합니다.

서민들에게 다가가며

무소속으로 출마한 내가 국민회의에 입당했다는 소식을 알고 반발하여 30% 이상이 이탈하였다. 국민회의에 입당하면서 이미 각오한 결과였다. 당시 국민회의는 제주도에 지지기반이 거의 없다시피 했기 때문이다.

그런가 하면 내가 국민회의에 입당했다는 소식을 듣고, 제주도의 평민당 출신 12명이 입당을 희망했다. 그 사람들은 오직 김대중 총재를 차기 대통령으로 당선시켜야 한다고 생각하는 사람들이었다. 나는 국회의원 선거를 20여 일 남겨두고 그 12명의 새로운 사람들로 국민회의 제주도 지구당을 만들었다. 지구당을 구성하자 서울의 국민회의 중앙당에서 선거 자금 2,000만 원이 도착했다.

호남 같은 지역은 출마하려고 돈을 받고 공천을 해주지만, 제주도처럼 당선 가능성이 희박한 지역은 그런 식으로 자금 지원을 하고 있었다. 지원금이 중앙에서 왔다고 밝히자 새로 입당한 12명은 그 돈을 나눠 갖자고 제안했다. 그 말을 듣고 있으려니 한심했다.

"여러분, 여러분은 당 사무실에 왜 있습니까?"

"……."

"선거운동을 하러 모인 것 아닙니까?"

나는 그 사람들에게 돈 10만원 씩 나눠주고 "각자 고향으로 내려가서 선거운동을 하세요."라고 하였다. 그때부터 본격적으로 선거운동을 시작했다. 군에 입대해서도 밑바닥에서 잡초처럼 컸던 나는 정치를 할 때도 밑바닥에서 그렇게 시작했다. 돈도 없고, 조직도 없었다.

그 때부터 시작하여 선거를 세 번 치르면서 나는 5,000원 이상의 식사는 하지 않는다는 원칙을 지켰다. 고등어구이 하나를 놓고 공기 밥 네 그릇을 네 사람이 먹으면서 선거운동을 하였다. 그런 나에게 어느 누구도 돈을 뜯으러 오지 못했다. 돈을 뜯으려고 시도해도 돈을 줄 사람도 아니라는 것을 알았던 것이다. 처음에 몇 사람이 나를 찾아와서 뭐가 어쩌고저쩌고 하며 돈을 요구하기도 했지만 나는 그런 말은 전혀 듣지 않았다.

제주도의 지역 유지들은 모두 한나라당을 지지하고 있었다. 국민회의에 입당한 나를 유지들이 지지하지 않을 것이 분명했다. 유지들은 돈을 안 주면 움직이지 않는 사람들이었다.

나는 서민들을 만났다. 서민들 속에 들어가서 서민들과 대화하고 서민들을 조직화했다. 그런 방법으로 선거운동을 하다가 보니 나에게는 바닥 조직이 생겼다.

야당 지지 세력이 없는 불모지에서 나는 한 발 한 발 서민들에게 다가갔고, 인물만 좋으면 얼마든지 클 수 있다는 자신감을 가질 수 있었다.

선거를 빌미로 나에게 대가를 요구

선거가 시작되었다. 지자체 선거에 후보로 나섰다가 낙선한 김모 씨는 조천읍에 지지표가 있는 사람이었다. 나는 그에게 도움을 요청할 생각으로 연락을 했다. 그는 자기 집에서 만나자고 했다. 그의 집에 방문했더니 20여 명의 청년들이 모여서 나를 기다리고 있었다. 그는 나에게 댓가를 요구했다. 내가 생각하기에 많은 액수였다. 그들을 만나고 귀가한 나는 밤잠을 설치면서 고민하였다. 돈으로 표를 매수하면서까지 내가 국회의원이 되어야 할까? 아무리 생각해도 용납할 수 없었다.

고민 끝에 그의 도움을 받지 않기로 하고 그 같은 내용을 전달하여 협상을 거절하였다. 내가 거절하자 그는 김택환 후보를 밀었고, 김택환 후보는 조천읍에서 1등을 하였다.

한번은 상이군경회 제주지부장 만나보라는 말을 듣고, 한의원을 경영하는 지부장을 만나 30여 만 원 하는 한약 1제를 사고 도움을 요청하였다. 그 사람은 나를 도와주는 대가로 당시 500만 원을 요구하였다. 나는 그 자리에서 거절하였다. 나중에 그는 나를 보면 피하곤 하였다.

그런 일이 있은 뒤로는 선거를 빌미로 나에게 돈을 요구하는 사람이 없었다.

DJ에게 국방 정책 건의

선거를 앞두고 국민회의 김대중 총재가 제주도를 방문했다. 김대중 대표와 나는 서귀포지구당 차량에 동승하였다. 차에서 나는 김대중 대표에게 말했다.

"총재님, 우리나라는 징병 제도를 개선해야 합니다. 지금처럼 고

졸 이상만 징집하면 부대에서 애로사항이 많습니다. 이발사를 비롯해서 여러 가지 기능공들이 각 부대에서 부족한 것이 현실입니다. 모든 국민이 군대를 입대할 수 있어야 합니다. 인력이 남으면 훈련소에서 총 쏘는 법만 배우고, 농촌이나 산업 현장에서 활동하게 하면 좋겠습니다. 또 전역할 때 소정의 교육을 받도록 제도를 실천해 나간다면 현역 군인들이 국가 발전에 도움을 주고 군의 발전에도 크게 기여할 수 있다고 생각합니다."

김대중 대표는 나의 말을 유심히 들은 뒤 물었다.

"그것을 여당에도 얘기를 했나요?"

"대표님께 처음 말씀드리는 것입니다."

"홍 위원장, 이번에 선거 끝나면 중앙에서 나를 도와주세요."

불모지를 개척하며

북제주 지역구 유권자들은 국민회의에 대한 반감이 컸다. 그런 분위기를 잘 알고 있었기 때문에, 국민회의에 입당할 때부터 나는 국회의원에 당선된다는 생각을 안 했다. 다만 최선을 다하여 서민들의 마음에 한 발 한 발 다가갈 따름이었다. 그런 나에게 언론사 기자들이 "제주도는 야당이 발 디딜 자리가 없지만 홍 장군은 성품이 워낙 좋으니까 한 번 해 볼만 합니다. 가능성이 있습니다."라고 격려했다.

정치에 입문하고 첫 번째 선거에서 나는 패배했다. 공권력의 집요한 방해와 집권당 후보의 부정선거 등 뜻밖의 우여곡절 끝에 낙선하며 내가 겪은 고초는 이루 헤아릴 수 없을 정도였다.

국회의원 선거에서 비록 패배했지만 불모지를 개척한다는 각오로 동분서주한 나의 노력이 결코 헛되지만은 않았다. 지성이면 감천이라고 했던가. 제주도에서 국민회의를 지지하는 기운이 싹트기 시작했다. 그리하여 1997년에 대통령 선거를 앞두었을 때는 불모지와 같던 1996년의 분위기와 사뭇 다른 분위기가 느껴졌다. 제주도라는 사막에서 나는 오아시스를 새로 만들었던 것이다.

당시 언론들은 "당선이라는 결실의 열매를 따지는 못했으나, 야당 불모지에 새로운 바람을 일으키며 선전"했다고 평가하고 "홍 후보의 이 같은 선전에는 변화를 갈망하고 새 정치, 새 인물을 바라는 지역 유권자들의 지지가 있었고, 소신과 추진력이 부각된 후보 개인의 이미지, 그리고 마을별 구축된 공 · 사조직 등이 크게 작용"하였다고 분석(제주신문. 1996년 4월 13일)했다. 같은 날 《제민일보》는 〈국민회의 선전 – 정당 정치 교두보 확보〉라는 제목으로 "이번 선거에서 또 하나의 의미를 부여한 대목은 제1야당인 새정치국민회의의 선전"이었다고 보도하고 "특히 야당의 불모지와 다름없었던 북제주군에서 선전한 것은 의미"가 크다고 보도하고 "상품만 좋으면 어느 지역을 막론하고 해 볼만 하다"면서 "정서보다는 인물이 중요하다는 것을 다시 한 번 입증했다."고 평가했다.

모두 여섯 명이 북 제주에 출마했던 제15대 국회의원 선거에서 나는 차점으로 낙선하였다.

- 양정규 15,913 (신한국당)
- 홍성제 11,632 (새정치국민회의)
- 김택한 11,078 (무소속)
- 강창호 10,561 (무소속)
- 조현필 963 (무소속)

무참히 짓밟히며 낙선하다

공권력의 조직적 방해

1957년부터 1989년까지 32년 동안 군복무를 할 때 생일 축전을 받으면 느낌이 좋았다. 그 생각에서 착안하여 생일을 맞은 지역구 사람들에게 생일 축전을 보내자는 아이디어를 냈다. 1995년 8월 1일부터 8월 17일까지 생일 축전을 보내기 시작했다. 그 과정에서 아무래도 선거관리위원회에 문의하는 것이 타당하다 싶어 북제주군 선관위를 직접 방문했다. 아니나 다를까, 전보 행위가 위법이 된다는 조언을 들었다. 나는 그 자리에서 사무실에 전화를 걸어서 생일 축전 발송을 중단하도록 조치하였다. 그러나 8월 17일까지의 축전은 16일에 이미 한국통신에 그 명단이 통보되어 철회가 불가능했다.

문제는 엉뚱한 데서 생겼다. 형사들이 북제주군의 90여 곳 마을을 찾아다니면서 8월에 생일을 맞는 2,000여 명에게 생일 축전을 받았는지 조사하고 그 수신 여부를 각서로 받았다. 북제주군 같은 순박한 농촌에 형사들이 나타나 가가호호 탐문하자 유권자들 사이에서 나에 대한 지지가 급격하게 위축되고 "홍성제는 선거법 위반으로 구속된다."는 유언비어가 유포되었다. 심지어는 제주 KBS 방송에서 "홍성제가 입건되었다."는 뉴스를 보도하면서, 사실 확인도 없이 경찰서 형사와 경찰서를 촬영한 화면을 공중파로 방송하여 나에게 치명적인 타격을 주었다.

경찰은 내가 고향의 지인들에게 연하장을 보내거나 추자도의 친척을 방문한 사실까지 문제로 삼았다. 내가 추자도에 거주하는 홍씨 친족들 집에 들러 아침밥을 먹은 사실까지 선거법 위반이라고 하며 나를 경찰서로 소환하더니 무려 20일 동안 조사하여 유권자들에게 나쁜 영향을 미쳤다. 지지기반이 전무한 야당 후보를 선거운동 기간에 경찰서로 소환하자 유권자들은 야당 후보가 곧 구속될 것처럼 흔들렸다. 누가 봐도 공권력이 야당 후보에 대해 계획적으로 선거 방해를 한 것이 아닐 수 없었다.

가뜩이나 야당 지지기반이 없는 상황에서 공권력까지 가세하는 분위기였으나 나는 포기하지 않았다. 여당의 공세가 거셀수록 더욱 굴하지 않고 선거 유세를 강행하고, 유권자들에게 직접 호소하여 심판을 받고자 했다.

그렇게 1996년도 국회의원 선거가 끝나고 받은 1심 재판에서 나는 300만 원 벌금을 선고받고, 2심에 항소하여 90만 원으로 감형되었다. 당시 나의 재판을 담당한 판사는 변호인을 선정하라고 권유하였다. 나는 사법부를 믿고 변호사 없이 재판에 임했다가 재판 과정에서 심한 모욕과 고통을 겪었다.

1997년 4월 11일 〈판결〉(광주고등법원 제주부)은 "주문 : 원심판결을 파기한다. 피고인을 벌금 900,000원에 처한다. 피고인이 위 벌금을 납입하지 아니하는 경우 금 20,000원을 1일로 환산한 기간 피고인을 노역장에 유치한다. 위 벌금에 상당한 금액의 가납을 명한다." 라고 하고, 그 이유를 다음과 같이 밝혔다.

"이유 : 피고인 및 변호인의 항소 이유의 요지는 이 사건 범행의 동기와 그 내용, 피고인의 경력 등 개인적 정상, 그리고 선고 형량이 미치는 법률적 효과 등 제반 사정을 고려할 때 원심의 형량은 너무 무거워서 부당하다는 것이다. 살피건데, 기록에 의하면, 피고인의 이 사건 범행 중 생일 축하 전문을 보낸 것은 "생일을 진심으로 축하합니다"라는 내용으로 되어 있고, 연하장 역시 의례적인 신년인사 내용으로서 선거에 관하여는 아무런 내용이 없는 것이며, 호별방문은 같은 종씨 집안에 찾아가 "잘 부탁합니다"라거나 "지지를 부탁합니다"라는 등의 출마 인사를 한 것일 뿐이어서, 그 선거 운동의 정도나 선거법 위반 정도가 비교적 미약한 것으로서 선거 결과에 직접적인 영향을 미친 것으로 보기에 어려운 면이 있고, 피고인은 사병에서 장군에 이르기까지 30연 년 간 직업 군인으로서 복무하다가 전역한 후 제15대 국회의원 총선거에 처음으로 출마하였는데, 당초 무소속으로 출마하기 위하여 300인 이상의 추천 등 선거법이 요구하는 입후보 절차를 준비하는 과정에서 피고인이 선거관계 법령에 대한 부족하여 선거법을 위반하기에 이른 점을 고려하면, 피고인에 대하여 벌금 2,000,000원을 선고한 원심의 형은 너무 무거워 부당하다고 인정된다. 따라서 항소논지는 이유 있다. 그러므로 이 법원은 형사소송법 제364조 제6항에 의하여 원심 판결을 파기하고 변론을 거쳐 다시 다음과 같이 (벌금 900.000원에) 판결한다. 이 법원이 인정하는 범죄 사실과 그에 대한 증거의 요지는 원심 판결의 각 해당란 기재와 같으므로 형사소송법 제369조에 의하여 그대로 인정한다."

제15대 국회의원 선거에서 나는 국회의원에 당선되지 못했다. 하지만 당시 나의 선전은 제주도에 새로운 바람을 일으키며 민심을 변화시켰다. 그 결과 1997년 대통령 선거에서 야당 후보가 대통령에 당선되어 대한민국에서 수평적 정권 교체가 가능하게 하는 견인차의 역할을 했다.

15대 국회의원 선거가 끝난 후 권노갑 고문을 만나 중앙에서 나를 도우라는 김대중 총재의 말을 전하고 총재의 면담을 요청했다. 그러나 몇개월이 지나도 소식이 없었다. 아태재단 임동원 사무총장과 오찬중 총재의 면담을 요청했다 하루만에 일정이 통보되었다. 김대중 총재와 면담 후 임동원 사무총장은 아직까지 40분 면담을 한사람이 없었다고 말해주었다.

말 한 마디의 힘

제15대 국회의원 선거가 끝났을 때 윤관 회장이 연락하여 "골프나 치세."라고 해서 만났다. 그는 고려대학교 국제대학원 동기인데, 그날 골프를 치면서 나에게 "이번 선거에서 잃은 것보다 얻은 것이 많겠네."라고 했다. 여느 사람들이 "왜 출마했느냐?"고 묻는 것보다 나에게 힘이 되는 한 마디였다. 바로 그 자리에서,

"돈이 있으면 나에게 맡기게. 이자 20%를 보장하겠네."라고 했다. 그의 제안을 믿고 나는 5,000만 원을 맡겼다.

그런 일이 있고 IMF가 닥쳐서 대리석 사업을 하던 그의 회사가 부도났다. 부도난 마당에 찾아가봐야 소용이 없다고 생각한 나는 그 일을 잊고 지냈는데, 돈을 맡긴지 1년이 되는 12월 30일에 윤관 회장이 집으로 1,000만 원을 들고 찾아왔다.

"이 돈은 그 동안의 이자고, 원금은 오는 4월에 갚겠네."

평소에 신의를 중요하게 생각하는 그는 곧 회사를 소생시켰다.

김대중 대통령의 격려

1997년의 대통령 선거를 앞두고 국민회의는 대통령 후보를 뽑는 경선을 했는데, 정대철 후보와 김대중 후보가 경쟁하였다.

국민회의 제주도 지구당에서 나는 김대중 후보를 시종일관 지지했다. 경선 하루 앞두고 양재동 교육문화센터에 제주 지역 대의원들이 모여 있을 때였다. 11시 30분 우리 쪽으로 다가온 김대중 후보가 나에게 손을 내밀며 악수하였다.

"홍 위원장의 얘기를 많이 들었어요. 고마워요."

김대중 후보가 나에 대해 무슨 말을 들었는지 궁금해서 내가 이종찬 선거위원장에게 물었더니 "별다른 일이 없었어요."라고 대답했다. 나중에 윤철상 의원에게 문의하니 "제주도는 홍성제 위원장이 중심을 잡아서 잘하고 있다고 제가 김대중 총재께 보고했습니다."라고 하였다.

주변에서 보고하는 한 마디가 중요하다는 사실을 나는 그 때 새삼스럽게 깨달았다.

국민회의 경선 결과가 나왔다. 김대중 후보 80%, 정대철 후보 20%를 얻어서 김대중 후보가 국민회의 대통령 후보로 확정되었다.

국민회의 대통령 후보를 선출하는 경선 과정에서 정대철 후보가 처신을 신중하게 했더라면 국민회의는 차기 대통령 후보로 정대철 씨를 선출했을 것이다. 그랬더라면 훗날 민주당이 풍비박산이 되는 불행한 일이 없었을 것이라는 아쉬움이 있다.

수평적 정권 교체의 그늘

1998년 2월, 김대중 대통령이 취임한 직후의 어느 날, 나는 국방대학원 동기 중에 농림부 국장에서 퇴임하고 '한국냉장' 감사로 있는 사람을 만났다. 한국냉장에서 사람을 중용한다는 소식을 알고 나는 당시 이종찬 국정원장을 만나서 청탁을 하였다. 농림부장관에게 전화를 걸고 이력서를 주고 왔다.

김대중 대통령을 모시던 한 사람이 이희호 여사를 만나서,

"홍성제 위원장이 한국냉장 사장으로 간다고 합니다."라고 했다. 이희호 여사는 "홍 위원장이 사장을 하고 당신이 부사장을 하면 되지 않겠어요."라고 얘기했다.

그 사람은 윤철상 의원한테,

"한국냉장 사장으로 홍 위원장이 예정이 됐다."고 얘기했다.

그 말을 또 윤철상 의원이 나한테 전해 주었다.

그런데 농수산위원회 김영진 위원장이 전화를 걸어왔다.

"홍 위원장, 이희호 여사 만나봤어요?"

"안 만났습니다."

그런 통화를 하고 얼마 안 있어서 한국냉장 사장이 새로 임명되었는데, 김영진 위원장이 미는 사람이 임명되었다.

민주당 창당과 새로운 시련

국민의 정부가 집권한 첫 해인 1998년 6월 4일의 지방 선거를 앞두고 민주당을 새로 창당했다. 그리고 그 해 〈6·4 지방 선거〉의 민주당 후보들이 확정되었다.

나는 제주도 북제주 지구당 위원장으로서 제주도의 민주당 우근민 도지사 후보, 김군택 군수 후보를 지원하게 되었다. 당원 집회를 준비하면서 김군택 후보가 "돈을 좀 뿌리면 어떨까요?"라고 제안했다. 나는 단호하게 "절대 안 돼."라고 대답했다.

나는 5월 10일 오후 7시부터 오리엔탈 호텔에서 가진 당원 집회를 선관위에 신고한 줄 알았다. 그런데 집회 중에 선관위 사람들이 나타나더니 불법 집회라며 중단하라고 요청하였다. 그러나 북제주군 전 지역에서 당원들 450여 명이 모이고 민주당의 도지사 후보와 시장 후보까지 참석한 상황에서 집회를 중단할 수 없었다.

그 일이 빌미가 되어 나는 선거법 위반으로 재판을 받아야 했다. 정대권 변호사가 무료로 나를 변호했다. 기껏해야 100만 원 이내로 벌금이 나올 것이라고 믿었다. 그러나 뜻밖에도 1심에서 나는 100만 원의 벌금형이 선고되었다. 2심 재판장은 선거관리위원장이며 나를 고발한 제주지법 법원장이었다. 그 때 변호사를 다시 선임하여 재판에 임했어야 하는데 그렇지 못하고 방치했다가 2심 재판에서 100만 원 벌금을 그대로 선고받았다. 대법원에서 벌금 100만 원이 확정되면서 나는 공민권을 박탈당했고, 공직 선거에 출마할 수 없게 되었다.

그런 하루는 꿈에 고향이 보였다. 고향 동네 앞에 흐르는 냇물에 바위가 있고, 그 바위에 내가 앉아 있었다. 물길이 거꾸로 흐르고 내가 앉아 있는 바위가 심하게 흔들렸다.

그런 꿈을 꾸는 날은 마음이 불안해서 나는 아버지 어머니 묘소를 찾아가서 한참을 앉아 있곤 하였다.

공민권이 박탈되다

벌금 백만 원으로 공민권이 박탈되다

1998년 10월 14일 〈판결〉(제주도지방법원 제2형사부)에서 "주문 : 피고인에 대한 형을 벌금 1,000,000원으로 정한다. 피고인이 위 벌금을 납입하지 아니하는 경우 금 20,000원을 1일로 환산한 기간 피고인을 노역장에 유치한다. 피고인은 위 벌금 상당액을 가납하여야 한다."라고 하고 다음과 같이 그 이유를 밝혔다.

"이유 : 피고인은 새정치국민회의 북제주군 지구당 위원장으로서 당원 집회를 개최하는 때에는 집회 장소에 관한 집회 장소에 관한 선거관리위원회의 검인을 받아 당원집회임을 표시하는 표지를 제시하여야 함에도 불구하고, 1998. 5. 10. 19:00경부터 같은 날 20:30경까지 사이에 제주시 상도 2동 소재 오리엔탈호텔 2층 연회실에서 '6·4지방선거'에 대비하여 당원 등

450여 명을 참석시킨 가운데 당원단합대회를 개최함에 있어서 당원집회의 표지를 게시하지 아니하였다."

용꿈을 꾸고

한국 역사에서 최초로 수평적 정권교체를 이루어 '국민의 정부'가 집권한 첫 해에 제주도의 지방자치단체장 선거에 후보로 나선 당원들을 도우려고 나섰다가 뜻밖의 재판을 받고 공민권이 박탈된 나는 그 때부터 실의에 빠져서 3년이나 세월을 허송하였다. 2000년 4월의 국회의원 선거를 앞두고 사면 복권을 기다리던 나는 법무부에 전화를 걸어 박상천 법무부 장관 면담을 요청했다. 그러자 박상천 법무부 장관이 나에게 전화를 걸어왔다.

"이번에 정치인들에 대한 사면이 어떻게 되는 것입니까?"

내가 묻자 박 장관은 "이번에 사면이 없습니다."라고 했다.

"당에서 사면이 있다고 해서 저는 사면 신청을 했는데, 사면이 없다니 무슨 말씀이세요?"

"당에서 어떤 자가 그런 말을 합니까?"

"장관은 대통령께 조언을 하는 자리인데, 법무부 장관께서 그런 식으로 말을 하면 되겠습니까?"

내가 언성을 높이자 박상천 법무부 장관은,

"잘 아시다시피 대통령께서 얼마나 세밀하신 분입니까?"라고 하면서 정황을 설명했다.

내가 사면을 못 받자 내가 여러 해 동안 공을 들여온 제주도 지역에서 정정언 후보가 민주당의 공천을 받고 출마하여 국회의원에 당선되었다.

그 해 광복절 특사를 기대하고 있던 어느 날, TV 뉴스에서 '정치인들에 대한 사면이 없다'는 보도를 들었다.

그대로 앉아 있을 수 없던 나는 청와대를 방문하여 남궁진 정무수석을 만났다. 그 자리에서 나의 용건을 솔직하게 밝히고 도움을 청했다. 남 정무수석은 자신이 김대중 대통령에게 나의 사면복권을 건의하겠다고 하였다.

"기왕에 청와대까지 오셨으니 대통령 비서실장도 만나보시지요."

"비서실장은 바쁠 텐데 제가 어떻게 만날 수 있겠습니까?"

"괜찮습니다. 저희들은 오픈 되어 있습니다."

그는 대통령 비서실장과 내가 만나는 일정을 잡아주었다. 한광옥 비서실장은 나의 얘기를 듣더니 그 자리에서 민정수석에게 전화를 걸어서 나를 소개해 주었다.

"장군 출신이시니, 예의를 다하여 만나십시오."

그리고 서랍에서 금일봉을 꺼내어 주었다. 어려운 처지에 있던 나는 그 돈을 받고 신광옥 민정수석을 만났다. 그는 김정길 법무장관에게 나의 사면을 종용하는 전화를 걸어주었다.

김대중 대통령에게 법무부 장관이 나의 사면 문제를 보고하는 자리에 신광옥 민정수석이 배석했다.

"홍성제 위원장은 이번에 사면할 수 없습니다."

법무부 장관이 보고하자 김대중 대통령이 반문했다.

"왜 안 되지요?"

"사건이 아직 5년도 안 돼서 사면할 수 없습니다."

"법무부가 이번에 2만 명을 사면하는데, 대통령인 내가 내 마음대로는 한 사람도 사면을 못 시킨다는 뜻입니까?"

김대중 대통령이 다시 반문했고, 결국 법무부 장관은 나를 사면 명단에 포함시켰다. 그 때 광복절 특사(2000년 8월 15일)로 사면된 사람들 가운데 정치인은 나 한 사람뿐이었다. 김대중 대통령과 법무부 장관의 대화 내용은 그 자리에 배석했던 신광옥 수석이 전언해 주었다.

공민권을 회복하고

내가 청와대에 방문하기 하루 전날 나는 용꿈을 꾸었다. 큰 호수에서 용이 지나가는데 이무기가 용의 꼬리를 물었다. 그 때 호랑이가 나타나서 "어흥!" 하고 큰 소리를 치니 용의 꼬리를 물고 있던 이무기가 떨어져 나갔다.

그 꿈을 꾸고 청와대에 들렀다가 한광옥 대통령비서실장을 처음 만나고, 그 동안 공민권도 없이 외롭게 선거운동을 하며 어렵게 꼬이기만 하던 문제가 풀리게 되었다. 어려운 때마다 나는 그렇게 꿈을 꾸었다.

나에 대한 사면복권의 소식을 전화로 가장 먼저 전해준 사람은 당시 청와대 상황실장 전병헌이었다.

남궁진 정무수석이 전화하여 “이번 사면에서 정치인은 홍 위원장 한 사람뿐이니만큼, 앞으로 6개월 동안은 조용히 계세요.”라고 당부하였다.

사면되었다는 반가운 소식을 그렇게 전해 듣고 6개월 동안 특별히 내색을 않고 지내던 나는 6개월 뒤에 한광옥 대통령비서실장을 만나 취업을 부탁하였다.

“어디로 가고 싶으세요?”

“아무 데라도 좋습니까?”

“저는 홍 위장님이 우수한 인재인 줄을 알고 있습니다.”

그리고 얼마 후 전화가 왔고, 내가 ‘한국공항공사’ 감사로 내정된 사실을 알게 되었다. 그 소식을 듣고 처음에는 좀 섭섭하였다. 사장으로 내정하지 않고 감사인가 싶었다.

전화를 받고 흔쾌하게 대꾸하지 못했다. 나의 태도에서 무엇인가 느낀 한광옥 대통령비서실장은 비서실장 공관에 방문한 박양수 의원에게,

“홍 위원장은 이번 인사가 별로인 것 같아요.”라고 하더라는 말을 나중에 들었다. 박양수 의원은,

“그분에게는 좀 더 대우를 하셨어야 될 것 아닌가요.” 라고 그 자리에서 말씀드렸다고 나에게 귀띔하였다.

한국공항공사에 부임하여보니 이사장은 서울경찰청장 출신이 부임하였다. 나는 공항에 근무하면서 안전 점검 및 청소 시스템을

정비하고, 주차장 관리 등을 점검하여 1년간 무려 200억 원의 돈을 절약하였다.

청소 요원이 전국의 공항에 똑같은 수준이었다. 공항에 차등을 두고 서울 공항을 축으로 하고, 제주와 부산 같은 지방의 공항을 동급으로 하는 등의 기준을 새로 정하여 청소 요원을 50%나 줄일 수 있었다.

한번은 공항 안전 점검한다면서 3억 4천만 원이 결정되어 결재가 올라왔다. 업체는 지명 경쟁으로 하였다. 나는, 우리나라에서 안전점검 할 수 있는 업체가 몇 개 업체냐고 물었다. 300여 개 업체라고 대답하기에, 그렇다면 일반 경쟁을 하라면서 결재를 반려하였다. 감사에게 오는 결재는 전부 이사장의 결재를 받은 뒤에 오는 것이었다. 내가 결재를 보류하자 곧바로 7천만 원으로 고치고 일반 경쟁에 부쳤다.

김포공항에 출퇴근 버스가 1억 3천만에 일제히 운영되고 있었다. 130명 전원에게 버스 승차권을 주면 얼마인가 하고 확인하였더니 2천 400만 원이었다. 당시에는 공항의 주차는 외부 주차하고 방치하는 현상이었다. 나는 이사장에게 "이곳이 주인이 있는 회사인가?" 하고 묻고 외부 주차를 공항 넓은 주차장에 유치하게 하였다. 그렇게 해서 받은 수입이 연간 36억 원이나 되었다.

그 동안 방만하게 운영되던 관행들을 내가 정비하자 한국공항공사는 1년 만에 200억 원이나 경비를 절감하였다. 그렇게 1년 남짓 근무하고 있을 때 2002년 6월에 북제주군 정정언 국회의원이 의원직을 상실하면서 그 해 8월 8일에 재선거를 한다는 뉴스를 듣고 나는 선거에 출마할 준비에 들어갔다.

보궐 선거에 출사표를 냈는데, 당에서 공천을 안 해 주었다. 당연히 내가 공천을 받으리라고 믿고 선거에 임했는데, 공천이 여의치가 않았던 것이다.

파벌 정치로 자신들의 이해 관계에 치우쳐 공천하는 분위기가 팽배해 있었다. 그리하여 나에 대한 공천이 선거 18일 전까지 확정이 안 되고 있었다. 한심한 작태였다. 그러다가 한 번은 공천심사위원장 김근태 의원이 나에게 전화했다.

"홍 위원장, 공천 심사위원들을 만나보았어요?"

김근태 공천위원장의 질문을 받고 나는 "안 만났습니다."라고 대답했다.

"좀 만나보세요."

김근태 위원장의 조언을 듣고 공천 막바지에 그때부터 공천위원들을 만나려고 했으나 마침 일요일이어서 만날 수조차 없었다. 공천이 안 되면 무소속으로라도 출마할 각오를 했다. 그러던 차에 7월 15일에 후보 공천을 확정했다. 10일만 앞당겨서 공천을 마무리했어도 나는 국회의원에 당선되었을 것이다. 민주당의 늑장 공천을 받고 양정규 후보와 단 둘이 경쟁하게 되어 선거 발대식을 7월 17일에 '애월 체육관'에서 열었다. 발대식에는 노무현 대통령 후보와 한화갑 민주당 대표, 김근태 공천위원장 등이 배석했다.

당시 언론들은 집권당 후보에게 비판적이었는데, 발대식 직후에 《제주신문(사장 김대성)》 은 발대식 상황을 보도하면서, 양정규 후

▲ 선거유세 중 추미애 의원, 정동영 의원

보와 경쟁하는 나는 당선 가능성이 5%도 안 된다고 보도했다. 한 마디로 찬물을 끼얹는 기사였다. 신문을 읽은 봉성리 주민과 여러 유권자들이 신문사를 찾아가서 항의해야 한다고 술렁였고, 나는 만류했다.

막상 선거에 돌입하니 전국 19개 보궐선거에서 호남의 두 곳만 민주당에 승산이 있고 제주는 경합 지역이고 나머지 지역은 전패로 나타났다. 국민의 정부 정권 말기에 드러난 비리가 불거지고 마늘 파동이 나서 상황이 좋지 못하였다.

민주당은, 등록비 8천 7백만 원인데 9천만 원만 나에게 지원하였다. 당선 가능성 높은 지역은 훨씬 더 많은 금액을 지원하고 있었다. 그 때는 나도 지원을 요구하지 않았고, 당에서도 제주에는 배려해 주지 않았다.

여론의 비판과 중앙당의 무관심에도 그럼에도 불구하고 선거 결과는 1위와 2위의 득표가 663표 차이라는 박빙으로 나타났다. 나는 부재자(군인들) 표에서도 300여 표 뒤졌다. 부재자들의 표만 나에게 왔어도 당선되었을 것이다.

당시 보궐선거 출마 전에 선거관리위원회를 방문하여 한국공항공사를 사직하지 않고 출마해도 괜찮다는 대답을 듣고 나는 국회의원 선거에 출마할 준비를 했다. 그런데 투표일을 며칠 앞둔 7월 23일에 한국공항공사 감사를 사직하라는 압력이 들어왔다. 당시 대통령 비서실장 박지원의 작품이었다. 그 같은 인사 조치만 안 했어도 나의 국회의원 당선이 확실했다. 선거운동이 한창일 때 사직을 요구하는 작태를 도저히 참을 수 없었다. 남에게 피해를 준 사람은 불안하다. 〈김대중 동경 납치 생환 35주년(2008년 8월 12일) 기념식〉에서 박지원 씨가 내 앞에서 깜짝 놀라는 모습을 보았다.

2002년 8월 8일 제주도 제16대 국회의원 보궐선거 결과.

1위 한나라당 양정규 21,226 득표

2위 새천년 민주당 홍성제 20,563 득표

그해 투표를 하루 앞두고 나는 집이 불에 타는 꿈을 꿨다. 불이 붙자 소방차가 나타나더니 불을 꺼버리는 것을 보았는데, 그 꿈은 낙선을 예고하는 꿈이었다.

그날 개표 상황을 TV로 지켜보았다. 처음부터 줄곧 우위를 보이면서 선전을 하다가 마지막에 개표한 한 지역에서 내가 박빙의 차이로 낙선한 사실을 확인하고 아내는 의자에서 쓰러졌다.

선거를 마치고 1주일 남짓 나는 선거를 수습해야 했다. 아쉽게 낙선한 나를 보며 우는 주민들을 만날 때는 나도 함께 눈물을 참지 못했다.

한나라당 사람들은 권역별로 책임을 받고 제주에 상주하면서 선거운동을 하였다. 하루는 한경면 읍사무소를 방문하고 나오는데 신성일 의원이 "홍 위원장님!" 하고 나를 불렀다. 뒤를 돌아보니 신성일 의원이었다. 나는 그를 보고 "신 의원님, 나는 평소에 존경하고 있었는데, 이게 무슨 짓입니까?"라고 말했다. 그는 무안했던지 우물쭈물하였다. 시실 농촌 여성들은 신성일 의원이 손만 잡아주어도 좋아하는 분위기였으니, 선거에 얼마나 영향을 미쳤겠는가. 그러나 민주당 사람들 중에는 제주에 체제하면서 선거운동을 한 사람은 없었다.

나중에 들으니, 한나라당 총재는 공항에서 한국공항공사 윤건웅 사장에게 "홍성제가 도대체 어떤 사람입니까?"라고 물었다고 했다. 윤 사장은 "병사로 출발하여 장군까지 된 인물"이라고 대답했다는 것이었다. 한나라당은 당의 총재까지 나서서 총력을 모아 제주도 선거를 지원하고 있을 때 민주당은 강 건너 불 보듯 하며 선거에 소홀했던 것이 사실이다.

정권 재창출에 힘을 보태며

2002년 민주당 대통령 후보 경선을 할 때였다. 당시 한국공항공사 감사로 근무하던 나는, 민주당 후보가 공항에 올 때마다 일부러 마중을 나갔다. 당시 노무현 후보는 수행인도 없이 혼자 공항에 오곤 했다. 나는 노무현 후보가 도착하는 시간에 배석하여 맞이하였다. 한 번은 노 후보를 만나,

"이번 후보 경선이 떨어지더라도 후회는 없겠습니다." 하고 말하였다.

"왜요?"라고 노무현 후보가 질문하기에,

"TV 신문이 노 후보의 면면을 공짜로 선전하니 얼마나 이익입니까?"하고 대답하였다. 노 후보는 나보고,

"홍 감사님, 예감이 좋습니다."하고 말하였다. 그런데 그 해에 노무현 후보가 대통령 후보가 되고 대통령 선거에서 대통령에 당선되었다.

나는 노무현 대통령 후보 제주지역 선거대책위원장으로서 선거운동을 하였다. 대통령 선거운동 중에 통증이 일어나서 못 참을 정도가 되어도 진통제를 맞으며 밤낮을 불문하고 뛰었다. 나중에 신장 결석 수술을 받았다.

대통령에 당선되고 취임 전에 제주를 방문하고 상경할 때 만난 노무현 대통령 당선자는 나에게 "이번에는 국회의원을 하셔야지요."라고 하며 나의 손을 잡아주기도 했다.

그러나 나는 노무현 대통령이 창당(2003년 11월 11일)한 열린우리

당에 입당하지 않고 2004년 국회의원 선거에 출마하였다. 민주당에서 대통령에 당선된 사람이 당을 부수는 일에 대해 나로서는 동감할 수 없었다.

2004년 선거는, 민주당에서 탈당(2004년 3월 6일)하여 열린우리당 후보로 출마한 김우남 후보와 민주당의 공천을 받은 내가 경쟁했다.

선거 사무실 개소식 날 나는 "내가 돌부리에 채이고 넘어져 온몸에 멍이 들더라도 나는 여러분께 다가 갈 것입니다."라고 울면서 연설하였다. 우리 가족도 울고 조카 성애도 울고 지지자들도 울어서 울음바다가 되었다.

국회의원 선거기간 중 탄핵 사태가 일어났다. 사상 초유의 대통령 탄핵 사태 앞에서 민심이 열린우리당으로 쏠렸다. 그 동안 나를 지지하던 45%의 표심이 하루아침에 5%로 곤두박질을 치는 현실을 목격했다.

선거에 떨어지고 나는 손자 홍석재가 보고 싶었다. 선거를 끝난 뒤에는 매일 선거 꿈에 시달렸다.

정치활동의 회고

선거의 악몽에 시달리며 백두산에 오르다

선거에서 패배한 나는 사람들 앞에 나서지 못하고 외로운 시간을 보냈다. 마음 한편에서는 "내가 무슨 죄를 지었을까?"하고 반문하며, 보다 적극적으로 사회 활동에 참여하자고 각오했다. 그러나 나는 정신적으로 육체적으로 깊이 좌절했다.

국가와 민족 공동체를 이롭게 하려는 순수한 마음으로 정치에 입문했던 나는 어려움을 많이 겪었다. 세상을 보는 안목이 조금 더 열려 있었으면 뜻을 펼 수도 있었을 것이라는 아쉬움이 남는다.

국회의원 선거에 출마해서 세 번 낙선한 뒤부터 나는 국회의원 선거에 대한 꿈을 계속 꾸었다. 악몽이었다. 국방부 예산 개혁을 추진할 때 악몽에 시달리곤 할 때 한라산에 오르고나서 악몽이 사라졌다. 나는 백두산에 가기로 하였다.

백두산의 기운으로 악몽에서 해방

중국을 경유해 백두산으로 향하면서 나는 시대의 변화를 읽을 줄 알아야 살아남는다고 깨달았다.

넓은 세계의 무대에서 보면 국가는 아무것도 아니다. 세계의 흐름에서 보면 개인은 미미한 존재이다.

흐름을 읽어야 한다. 개인이 아무리 뛰어나고 운이 좋아도 국가가 망하면 없어질 수밖에 없고, 국가가 제아무리 강해도 세계 조류에 따라서 흥하기도 하고 망하기도 한다.

앞을 내다보고 행동해야 하는데, 내가 무지했다는 생각이 들었다. 그런 생각을 하며 백두산에 다녀오자 악몽이 사라졌다. 백두산의 기를 받았던 것이다. 사람의 몸은 천기를 받는다. 사람들은 잘 모르는 일이지만 시련을 겪은 나는 천기의 존재를 느낄 수 있었다. 하늘의 좋은 기운을 받으면 악한 기운이 사라진다.

시대가 변하면 사람도 변해야

백두산을 향해 출국하던 날, 김포공항의 서점에 들러 중국 관련 책을 찾다가 청나라의 큰 부자 '호얼방'에 대한 책을 발견하였다. 호얼방은 승승장구하며 부를 축적하던 시절에 빈민을 구제하는 약방 동인당(東仁堂)을 하나 만들었다. 그런데 호얼방은, 공산당 정부가 들어서면서 재산을 몰수당했다. 빈민을 구제하려고 만든 약방인 동인당에서 호구지책을 마련할 수 있었다. 남을 구제하려고 세운 약방이 자기를 구제한 것이다. 그런 호얼방을 소개하는 책에 나의 가슴을 치는 메시지가 실려 있었다.

하늘이 변하면 인간도 변해야 된다. 하늘이 변한다는 것은 시대가 변한다는 뜻이다.

그 메시지를 읽으면서 시대의 변화를 모르고 달려온 나를 돌아보게 되었다. 호얼방의 메시지는 '시대의 변화를 읽어야 한다. 세상이 변하고 있는데, 그 사실을 모르면 실패한다.'는 것이었다.

나의 정치 역정에서 '열린우리당' 창당은 시대의 변화가 아닐 수 없었다. 그 같은 변화를 모르던 나는 새로 창당하는 열린우리당에 입당하지 않았는데, 만약 내가 그 때 열린우리당에 입당했으면 2004년의 선거에서 국회의원에 당선되었을 것이다.

당시 나는 민주당의 기득권에 안주하고 있었다. 민주당에서 내가 아니면 제주도 국회의원에 출마할 사람이 없다고 생각했다. 그만큼 확고한 위치에 있었기에 열린우리당에 입당하지 않았던 것이다.

물론 내가 열린우리당에 입당하지 않은 데는 내 나름의 도의와

이념 때문이기도 했다. 나를 비롯하여 민주당 당직자들이 노력해서 노무현 민주당 후보를 대통령에 당선시켰는데, 노무현 대통령이 민주당을 박차고 나가서 새로운 당을 만드는 것이 나의 상식과 도덕 관념에는 이해가 안 되었던 것이다.

그런데 바로 그때 나는 시대가 변하고 있다는 사실을 나는 읽지 못했다. 독불장군은 살아남을 수 없었다. 내가 혼자 아무리 잘한다고 한들 소용이 없었다. 대세가 이미 기울었던 것이다.

김대중 대통령

김대중 대통령은 퇴임 후 생환 35주년 기념으로 가족 친지 100여 명을 초청하였는데, 그 자리에서 나를 보더니,

"홍 위원장 오랜만이야."하고 손을 잡고 화사한 웃음을 보내주었다. 그 동안 서운하였던 감정이 다 녹아버렸다.

2009년 서거한 김대중 대통령이 생전에 남북통일을 위하여 남북화해와 협력에 기여한 업적은 영원히 남을 것이다.

나의 바램

백두산 높은 기상 대륙을 굽어 보고

한라산 넓은 품은 태평양을 품에 안네

선열들의 피땀은 5천년 이어왔네

우리가 빛 내리 조국은 영원하리라

겨레의 힘을 모아 통일이 이뤄지고
우리들의 일터는 세계로 뻗어간다
동방의 등불이여 세상을 비추어라
우리가 빛 내리 조국은 영원하리라

백두산, 중국과 조선의 경계

백두산을 두고 중국과 우리나라 사이에 국경을 확정 짖기 위해 많은 노력이 진행되었다.

1712년 2월에 청나라는 백두산 부근에 경계선을 확정짓자고 조선에 제의했다. 그리하여 무커덩(지린성 성주)과 박권(조선 사신) 등이 그 해 5월에 만났다.

《조선왕조실록》에 따르면 박권과 그의 부관 이선부가 너무 늙어서 산을 오를 수 없었다. 그래서 수행원 가운데 하급 군 장교 이의복이 대신해서 백두산에 올랐다. 그 때 경계 표시는 백두산 정상에 세워지지 않고 조선 쪽 기슭에 세워지게 되었다. 청나라 쪽 대표단에는 지도제작 전문가가 포함되어 있었으나, 조선 쪽 대표단에는 그렇지 못했기 때문에 청나라 대표들은 조선 대표들을 무시했고 자기네가 가져온 지도조차 보여주지 않으려고 했다.

조선의 이의복이 백두산 지도를 보여 줄 것을 요구했을 때에 청국 대표는 "백두산은 조선 령에 있기 때문에 우리는 백두산 지도를 가지고 있지 않다."고 대답했다. 조선 대표단은 그 대답이 '백두산은 조선의 영토'로 인정하는 것으로 받아들였다. 그러나 백두산은 중국영토로 표시되었다.

그 같은 경계 표시에 대해 많은 논란이 있어왔다. 특히 백두산의 동쪽 지역이 문제가 되었다. 1905년에 일본이 한국의 외교권을 대신하게 된 뒤에 두만강을 중국과 한국 사이의 동부 경계로 인정하는 협정이 중국과 일본 사이에 체결되었다. 1909년 9월 4일에 체결된 이 협정의 제1조는 "일본과 중국 정부는 두만강을 중국과 한국 사이의 경계로 인정하며, 강의 근원지 부근 지역에서의 경계는 정계비에서 시작하여 '석을수'의 물줄기를 따르는 것으로 한다."고 되어 있다.

석을수의 위치는 중국과 일본 지도에 각각 다르게 표시되어 있다. 일본 지도에는 강이 백두산 쪽으로 흐르는 것으로 되어 있고, 1934년의 Ting 지도나 1943년 이후에 나온 중국 지도에는 석을수를 압록강과 연결시켜 이 강이 백두산을 완전히 우회하여 지나는 것으로 표시하여 백두산 전체를 중국 영토로 귀속시키고 있다.

1949년 10월에 중화인민공화국 수립이 선포된 뒤에 중국 사람들은 백두산의 동 - 서부에 한인자치구를 수립했다. 압록강을 접하고 있는 장백 조선족자치구와 두만강을 접하고 있는 연변 조선족자치구가 그것이다. 백두산이 다시 관심의 초점으로 부각된 것은 1961년 11월에 〈인민화보〉가 중국과 조선의 국경선에 있는 장백산에 관한 논문과 사진들을 발표했을 때부터였다. 이 산맥은 지린성에 위치하고 있으며, 주봉인 백두산은 해발 2,744m로서, 중국 동북부에서 가장 높은 산이라고 기록되었다. 산 정상부에 위치한, 둘레가 약 14km, 수심 200~300m에 달하는 화산호인 천지도 소개되었다.

북한은 1962년에 지도를 펴내면서 백두산과 천지 전체를 북한 영토에 표시했다. 그리고 중국과 북한의 경계에 대해서는 "두만강과 압록강과 백두산은 인접 국가인 소련과 중국과의 경계로서 소련 해역과 중화인민공화국 동북지역으로부터 조선을 구분하고 있다."고 말하고, 조선은 백두산을 포함하여 높은 산이 많은 나라라고 밝혔다.

1963년에 김일성이 직접 백두산을 답사했다. 당시는 중국과 북한은 사이가 좋아졌기 때문에 경계를 문제 삼지 않았다. 그러나 1965년부터 중국이 지난날에 문제시 되었던 영토에 대한 권리를 주장하고 있다는 소문이 나돌았다. 소련 주재 북한대사관은 약 100평방마일 가량의 한국 영토를 중국이 요구하고 있다고 발표했다. 북한은 중국과 국경분쟁을 심각하게 진행시키지 않으려는 듯이 보였고, 1967년부터 1969년까지의 기간 동안 두 나라의 관계가 최악의 상태에 있을 때조차 이러한 입장을 지속했다. 경계 문제에 대한 두 나라 사이의 협정이 체결되었다는 보도도 없었고, 양쪽에서 아무런 공식 발표도 없었다.

1969년에 백두산 정상에 서 있는 김일성의 사진이 북한 전역에 배포되었다. 이 사진은 수많은 책에 실렸고, 1969년 판《조선중앙

연감》에 김일성 초상화 다음의 한 페이지를 가득 메우며 소개되었다. 그리고 1969년 12월 29일에서 1970년 1월 29일까지 선양에서 열린 〈압록강 - 두만강 공동항해위원회 제9차 회의〉에서 국경 문제에 관해 중국과 북한이 협정을 체결했다.

백두산 천지는 2/3가 조선의 영토로 확정되고, 압록강과 두만강 사이의 섬들은 조선의 영토로 확정되었다. 당시 북한 대표는 최용건이고, 중국 대표는 길림성장 주덕회였다. 주덕회 성장은 조선족으로, 백두산은 조선의 영토라고 주장하는 사람이었다. 문화혁명 때는 백두산을 조선에 넘겼다는 죄목으로 갖은 박해를 받고 노동자로 전락하였는데, 마침 주은래 수상이 지방 순찰시 주덕회 성장을 만났다. 주성장은 "조선족을 보호해 주십시오."라고 울면서 청원했다. 나는 주덕회 성장님의 생가를 방문하면서 조선족의 절대적 지도자로 우리가 영원히 기억하여야 할 영웅이시구나, 라고 생각했다.

오랜 이별과 짧은 만남

(2000년 8월 15일)

백두산은 민족의 영산이다. 정치 활동을 접고 출발한 첫 번째 백두산 등정에서 천기를 받은 나는 그 때부터 2012년 현재까지 열 네 번씩이나 백두산에 올랐다. 우리나라에서 백두산을 열네 번씩 오른 사람도 드물 것이다. 백두산으로 향할 때마다 나는 하루 빨리 통일이 되어야 한다는 생각을 하였다.

북한에는 나의 셋째 형이 생존해 계신다. 셋째 형은 6·25 때 서울에서 학교를 다니다가 의용군으로 납북되었다. 우리 집안은 일제의 수탈과 제주도 4·3사건 등으로 많은 고난을 겪고, 6·25 때는 이산의 아픔까지 짊어진 것이다.

셋째 형(홍삼중)은 제주도 4·3사건 때 어머니가 죽창에 찔려 쓰러지고 누나가 죽창에 찔려 죽는 현장에서 나와 함께 구사일생으로 생존했는데, 그날 그 참변을 당하고 아버지는 셋째 형을 서둘러서

▲ 셋째 형님 이산가족 상봉 시

서울로 유학을 보냈다. 그리하여 이듬해인 1949년에 고향을 떠난 셋째 형은 서울 광신상업중학교 2학년 때 6·25를 맞았다. 전쟁 통에 "학교 간다."는 한 마디 말을 남긴 채 외출했던 형은 다시 돌아오지 못했다.

어머니는 생전에,

"우리 삼중이는 절대 안 죽었다."고 하시며 부처님께 기도하셨다.

2000년 6월 15일 분단 50년 만에 남북 정상이 만나 남북 통일의 물꼬를 튼 역사적인 순간에 7천만 동포의 가슴이 울리고, 세계의 이목이 집중될 때도 우리 집안은 형을 만나는 경사가 생길 줄 상상도 못하다가 7월 26일에 남북 200명의 이산가족 상봉자 명단이 발표된 후, 셋째 형을 만난다는 기쁨에 우리 집안은 잠을 못 이루며

하루하루를 보냈다.

그 동안 생사만이라도 확인하고 싶었던 바램이 50년 만의 만남이라는 현실로 다가오니 그 벅찬 감정을 어찌 형언할 수 있을까.

그 해 8월 15일 TV에서 북측 방문단이 서울에 도착하는 장면을 보고, 청사로 들어가서 형을 첫눈에 알아보고 가족들이 열광했다. 만나는 순간 얼싸안고 50년 참았던 진한 눈물을 흘렸다.

형은 나에게 "어렸을 적에 그렇게 맞으면서도 굴복을 안 하던 그 고집으로 성공했구나."라며 내 등을 두드려 주었다. 딸만 다섯이라는 여동생의 말을 듣고는 "딸이 더 좋아."라며 환하게 웃으셨다.

30년 동안 셋째 형의 제사를 지냈다는 둘째 형의 말에 "산 사람이 30년 동안 제삿밥을 먹었으니 나는 오래 살겠다."며 분위기를 화기애애하게 이끌었던 형의 여유 있는 미소는 "돌아가실 때까지 삼중이가 지금 살아 있을 것이라는 믿음을 잃지 않으셨다."는 어머니의 소식을 듣고는 이내 흐느낌으로 바뀌었다.

마음을 가라앉히고 나서 "형수님은 어떤 분입니까?"라고 내가 질문하자 "마음씨가 고운 평북 강계 미인이야."라고 답하셨다. "누가 먼저 결혼하자고 했습니까?"라고 다시 묻자 "내가 미남이고 의과대학을 나왔는데 나에게 안 반할 수 있냐?"며 너스레를 떨기도 하셨다.

비록 50년 동안 다른 체제 속에서 지냈다고 해도 혈육이란 어떤 것도 포용한다는 것을 진정 느끼게 하는 만남이었다.

셋째 형은 16일 오후 기자들과 대담하던 중, 김대중 대통령과 김정일 국방위원장께 고맙다는 인사를 하고, 빨리 통일이 되어 가족과 함께 한라산에 오르고 싶다는 말을 빠뜨리지 않았다.

셋째 형은 그 동안 일을 가족에게 들려주었다.

"16살에 의용군에 끌려갔는데, 나이가 어리고 키가 작아 총도 못 쏘고 통신병으로 근무하다 제대했다."

군에서 제대하여 전문학교에 18대 1의 경쟁을 뚫고 입학하고, 졸업 후 2명이 의과대학에 합격했다. 의과대학에서 5년, 대학원 2년 과정과 수련의 3년의 과정을 거쳐 10년간 장학금을 타며 교육을 받았다고 자랑도 늘어놓으셨다.

30년간 강원도 도립병원(원산) 외과과장과 원산 의과대학 교수를 겸직하고 있으며, 능력만 있으면 정년 없이 근무한다고 했다. 큰아들은 건축 설계를 공부하고, 둘째 아들은 군에 있는데 제대하면 치과의사를 시킬 생각이라고 했다. 큰딸은 결혼해서 잘 살고, 둘째 딸은 인민백화점 점원으로 근무한다고 했다.

저녁 만찬 중에, 이번 이산가족 상봉은 정말 믿기지 않는 일이라고 하셨다. 서울행 비행기를 타고서야 "이제 가는구나!" 하고 실감이 났다니, 50년 만의 만남이 그처럼 한 순간 이뤄지리라고 누가 과연 믿을 수 있었을까.

만남을 기다리는 1개월 동안 애타는 심정을 어찌 표현할 수 있을까?

셋째 형님을 만난 후 식사를 하는 도중에 가족들은 손을 맞잡고 울면서 부른 〈기러기〉 합창 노래에 조용히 흘리셨던 눈물.

이산가족 상봉 일정을 마치고 떠나면서 "통일이 되면 나는 죽어 제주에 묻히고 싶다."고 하는 형을 보며 가슴이 얼마나 아팠는지 모른다.

"통일이 되어 형님의 소원을 풀 수 있도록 제가 열심히 노력하겠습니다. 형님을 항상 생각하는 가족이 있다는 것을 잊지 마시고 그때까지 형님도 힘내십시오. 경의선이 곧 연결되면 경원선도 연결되겠지요. 그 첫 기차, 첫 손님으로 형님께 달려갈게요."

비행장으로 향하는 버스를 탄 뒤 차창 밖에 서 있는 가족들에게서 눈을 떼지 못하던 형의 모습을 어찌 잊을 수 있을까. 홍안의 10대 소년으로 헤어졌는데 50년 만에 초로의 70살을 바라보며 잠깐 만났다가 아쉬움만 남긴 채 그 날 또 헤어진 형을 생각할 때마다 눈물이 북받쳐온다. 아울러 이산가족 상봉으로도 만나지 못한 수많은 이산가족들의 애타는 마음을 씻어줄 통일을 위해, 우리의 옛 추억을 떠올릴 수 있는 고향 제주의 아름다움을 지키기 위해 노력하겠다고 다짐한다.

결코 멀지 않은 미래에 형과 내가 한라산을 거니는 상상을 해 본다. 형을 만난 뒤부터 나는 경원선 기차를 타고 형을 찾아가서 명사십리를 함께 거니는 꿈을 꾸곤 한다.

중국에서 셋째 형과 재회

2004년 제17대 국회의원 선거에서 낙선한 직후인데, 셋째 형 내

외가 중국 장백 시에 도착했다. 나는 여비 10,000불을 준비했다. 그때 둘째 형은 위암으로 경찰병원에 입원해 있었다. 내가 중국으로 셋째 형을 만나러 간다고 하니 돈이 많이 들 것으로 짐작했는지,

"네가 그렇게 형제간 우애가 있고, 마음이 착한데 사람들이 오해한다."라고 둘째 형이 말하였다.

"누가 오해를 합니까?"

"너의 형수도 그렇고, 주변 친족이 선거 끝나고 수고했다는 인사 한 마디 없다고 하더라."

"선거에 낙선해서 지지자들이 울고불고 난리인데, 집안 식구들끼리 인사가 없다고 하면 되겠습니까. 나보다 더 위안을 받을 사람이 누가 있겠습니까?"

"나도 네가 가는데 보태겠다."

형은 2,000불을 마련하여 주었다.

사실상의 통일 상황

햇볕정책을 포함해 모든 정책은 시대의 산물이다. 따라서 시간이 지나면서 변화 · 발전해야 한다. 햇볕정책은 1991년 〈남북 기본합의서〉에서 남북이 화해 · 협력하자고 했던 (노태우 정부 때) 약속을 (김영삼 정부에서 못 지키다가) 복원하는 접근법이었다.

햇볕정책을 통해 북한이 변화할 수 있는 여건과 환경을 조성해 '사실상의 통일' 상황을 실현하려는 것이다. '사실상의(de facto) 통

일' 상황이란, 실제 통일은 아직 멀었지만 남북이 서로 오가고 돕고 나누면서 통일된 것과 비슷한 상황을 만들어 분단된 겨레의 고통을 덜 수 있는 상생과 공영의 관계이다.

지난 20년 동안 한국 정부는 대북 시각 · 대북 정책 · 통일 정책 · 북핵 전략 등의 4가지 포인트에서 일관성 없이 왔다갔다 했다. 노태우 · 김대중 · 노무현 정부는 명백히 '점진적 변화론'의 방법을 취했고, 김영삼 정부는 오락가락했다. 그런데 이명박 정부는 붕괴론에 입각한 강경 정책을 취하였고 역사의 수레바퀴를 그만큼 후퇴시켰다. '북한 점진 변화론'의 입장에서 화해 · 협력, 평화 통일 정책과 핵문제 해결을 꾸준히 추구했다면 상당한 성과가 있었을 것이다. 너무나 아쉽다. 노무현 정부 때 세계 제1의 무산철광 채굴단계에서 이명박 정부의 강경정책으로 무산철광을 비롯한 13개 광구를 50년 동안 채굴권이 중국으로 넘어갔다. 얼마나 통탄할 일인가.

김대중 대통령이 남북 화해, 협력을 추진할 때 한나라당은 퍼주기라고 비난하였으나 박대통령이 "통일은 대박"이라는 말한마디에 누구도 반대하지 않았다. 바로 이것이 통일시대가 오는 증거이다.

나는 18대 대선과정에서 민주당 당적을 정리하고 새누리당에 입당하였다.

민주당 후보의 두 가지 공약을 도저히 참을수가 없었다. 첫째는 공무원 8만명을 증원하여 일자리를 창출하겠다는 공약이다.

공무원은 철밥통이다. 한 번 임명되면 죽을 때까지 국가가 책임져야 한다. 우리나라는 공무원 100만 명 시대이다. 나는 50%인 50

만명의 유지를 주장한다.

국회의원 선거 때도 표를 깎는 공약임을 알면서 공무원 정비를 공약하였다.

둘째는 제주해군기지 반대이다. 해군기지는 노무현 대통령이 시작한 사업이며 전략적이고 지정학적으로 절대 필요한 국방정책사업이다. 일본은 한일합방 직후 곧 제주화순에 해군기지를 구축하려 하였다.

제18대 대통령 선거 운동에 참여하며, 새누리당 국민통합 제주위원장으로서 나는, 박근혜 후보가 대통령에 당선이 되어 분단의 상처를 치유하고, 평화 통일로 가는 초석을 놓아 주기를 기대한다.

▲ 국민 통합 제주 대선 당시 박근혜 후보와 함께

우리나라 대통령의 리더십

내가 가장 중요하게 생각하는 것은, 첫째 조직의 장악과 국민 통합의 능력, 둘째 사물을 깊이 보는 통찰력, 셋째 미래를 내다보는 혜안 등이다.

첫째, 조직 장악과 국민 통합 능력

대통령은 먼저 조직 장악과 국민 통합 능력을 갖춰야 한다. 무엇보다도 정부의 방만한 행정 조직을 축소시키고 공무원 수를 삭감할 수 있는 결단력이 필요하다. 참여정부에서는 80,000여 명의 공무원이 증원되었다. 공무원 수를 줄여 국민과 기업의 세금 부담을 줄여야 한다. 미국의 사업가 잭 웰치는 그의 자서전에서 내게 가장 힘들었던 일은 조직의 관료화를 막는 일이었다고 했다. 관료 조직은 비능률이 따르고 이를 방치하면 국가에 해독이 된다. 또한 기업인의 사기를 진작시켜 투자를 활성화시키고 고용 창출을 이루는 한편, 다양한 집단 이기주의를 통제할 수 있어야 한다. 민주주의는 다

양성을 존중하지만 걸러지지 않는 집단 이기주의의 표출은 국가 기강을 흔들고 국민 통합을 저해하여 경제 발전의 걸림돌로 작용한다. 따라서 대통령은 다양한 의견을 수렴하되 그것을 국가 정책에 반영하면서 통제하는 리더십이 필요하다.

둘째, 사려 깊은 통찰력

대통령은 사려 깊은 통찰력을 가져야 한다. 통찰력과 관련하여 두 인물을 예로 들겠다. 중국 당나라의 당 태종과 일본의 명치 천황이다.

당 태종 이세민의 리더십 중 인재를 알아보고 곁에 두며 부릴 줄 아는 것을 대통령도 갖춰야 한다. 당 태종이 집권한 이후 태평성대를 이룰 수 있었던 것은 명재상 위징의 충언을 들을 줄 알았기 때문이라고 역사가들은 전한다. 위징은 사실 수나라 타도를 기치로 일어선 반란군의 주모자인 이밀의 책사였고, 당 태종이 죽인 형제 밑에서 일하던 신하였음에도, 당 태종은 일찍이 인재를 알아보고 기용했다. 위징은 "무릇 군자란 말을 적게 하고, 행동으로 먼저 실천해 보이라."고 충언했다. 또 "성군은 여러 가지 의견을 수렴하지만 우군은 한쪽 말만 듣는다. 군주는 다양한 의견을 수렴해야 간교한 무리들이 군주의 눈을 가리지 못하고 천하의 실정이 황제에게 제대로 전달되는 것이다."라고도 충언했다. 위징의 충언은 대한민국 대통령에게도 꼭 필요한 말이다. 실행에 앞서 말을 삼가고 반대의견도 너그러이 포용할 줄 아는 지혜를 가진 리더십이어야 한다.

당 태종이 고구려 정벌군 총사령관에 이세적 장군을 임명했다.

그러자 대신들은, 유능한 장수도 많은데 이세적 장군을 왜 기용했느냐고 물자 "그는 운이 좋은 사람이다."라고 당 태종은 대답했다. 당 태종의 기용에 대해 이세적은 고구려를 멸망시켜 보답했다. 그런가 하면 일본의 명치천황이 도고 헤이 하치로를 해군사령관에 임명하자 그 측근 대신들은 "왜 도고 헤이치를 임명했습니까?"라고 물었다. 이에 명치천황은 "그는 운이 좋은 사람이다."라고 말했다. 명치천황이 기용한 도고 헤이 하치로는 최강의 러시아 발틱 함대를 격파한 일본의 장군이다. 러일전쟁 승전 축하연이 있던 밤, 휘하 참모들이 도고 제독에게 "각하의 업적은 영국의 넬슨 제독에 비견할 만한 빛나는 업적이었습니다."라고 아부성 발언을 하자 "나를 넬슨 제독과는 비견할 수 있으나, 조선의 이순신 장군과 비견하면 나는 부사관 정도에 지나지 않는다."라고 했다.

셋째, 미래를 보는 혜안

대통령은 미래를 내다보는 혜안을 가져야 한다. 오늘의 중국이 가능하게 한 등소평이 그런 인물이다. 등소평은 1979년 1월 미국 방문을 계기로 하여 당을 실사구시 즉 유명한 흑묘백묘론으로 철저히 무장한다. 그는 중국을 공산주의로 부강하게 하여 인민을 먹여 살릴 수 없다는 한계를 가진 다른 지도자들과 달리 인정했다. 현실을 직시하고 미래를 내다본 것이다. 흑묘백묘론 즉 "고양이가 쥐만 잘 잡으면 되지 색깔이 희냐 검으냐 하는 것은 문제가 되지 않는다."는 말로 실용주의 노선을 확립하여 중국의 개혁 개방을 이끌었다. 또한 향후 50년 동안은 미국과 전쟁하지 말라는 유시를 남겼다.

6

홍성제

농촌으로의 귀농

농촌으로 귀농하다

1982년도에 야전군 관리참모 부장으로 근무할때 배정도 장군이 땅을 사둔 곳이 있는데 보러가자고 하여 따라갔는데 입구에 도착하여 걸어갈때 내 맘속에서 안온한 감을 느꼈다. 한 10일쯤 후에 배정도 장군님이 전화로 "홍대령 그 땅을 인수받지."하고 말했다. "예!"하고 대답하고는 우선 3,000만원을 은행에 절충하여 대출받아 땅을 구입하였다. 2013년에 세번째 꿈에 용이 집을 짓는 꿈을 꾸었는데 마침 군청에 들렀더니 집을 금년에 지을수있으면 농가주택으로 허가해주겠다 하여 집을 짓게 되었다. 집을 짓고나서 주민등록도 옮기고 농지대장도 만들고 주민들에게 농가 신고도 하였다.

그리고 군청에서 "산양삼 단지를 또 금년에 할수있는가?"하고 묻기에 금년에 하겠다고 하며 9,000평에 산지를 개간하고 산양삼 씨를 뿌렸다. 이제 어릴때 꿈인 농부가 되고 또 할일이 있다는 것이 나에게는 큰 보람이 되었으며 아내도 횡성에 온다면 잘 따라와주어서 고맙다. 농촌에서 소나무 숲과 맑은 공기, 바위틈에서 솟아나오는 샘물을 마시면서 열심히 일할거리를 찾아 농부로서 시간을 보내니 평생 처음 여유로운 생활을 하고 있다. 선거 중에 수많은 유권자들이 눈물어린 지지를 잊을 수가 없다.

특히 삼성의원 이선종 원장과 채종성 교장, 강성훈 사장의 열렬한 지원은 늘 가슴에 담고 산다.

책이 발행되기까지 제반기록을 정리하여 준 표광소씨에게도 감사를 드린다.

이등병에서

장군으로

초판인쇄 2014년 4월 3일
초판발행 2014년 4월 7일

지은이 홍성제
펴낸이 김재광
펴낸곳 솔과학

출판등록 제 10-140호 1997년 2월 22일
주소 서울시 마포구 염리동 164-4 삼부골든타워 302호
대표전화 02)714-8655
팩스 02)711-4656

ISBN 978-89-92988-95-7